パワハラで人生をしくじった元名監督に学ぶ変わる勇気

元ラグビー高校日本代表監督
一般財団法人日本プロスピーカー協会スポーツ部会会長／認定特別講師
松井英幸

ACHIEVEMENT

パワハラで人生をしくじった元名監督に学ぶ変わる勇気

「指導の課題」発見のためのチェックリスト

①個別のニーズの理解　□ YES　□ NO

あなたは選手や生徒１人ひとりの課題を把握し、１人ひとりにとって最適な指導を行うことができていますか？

②モチベーションの維持　□ YES　□ NO

あなたは、選手や生徒がとくに厳しいトレーニングに臨むときや、挑戦的な目標に向かおうとするとき、モチベーションが高まるような言葉をかけていますか？

③コミュニケーションの障壁　□ YES　□ NO

あなたは、選手との世代や価値観の違いをのりこえて、意思疎通を十分にはかることができていますか？

④適切なフィードバックの提供　□ YES　□ NO

あなたは、ポジティブなフィードバックと建設的な批評のバランスを取りながら、選手や生徒を効果的に成長に導くことができていますか？

⑤精神的な健康のサポート　□ YES　□ NO

あなたは、競技のプレッシャーやトレーニングのストレスから、選手や生徒のメンタルヘルスにトラブルが生じたとき、適切な対処やサポートができていますか？

⑥技術の活用

☐ YES　☐ NO

あなたは、デジタルツールやアプリケーションなどを効果的に活用しながら、指導方法をアップデートさせる取り組みを行っていますか？

⑦目標設定と達成

☐ YES　☐ NO

あなたは、選手や生徒が適切な目標を設定し、目標達成のための計画を立てる過程で、１人ひとりに向き合い、動機付けや支援をすることができていますか？

⑧目的・願望の明確化

☐ YES　☐ NO

あなたは、選手や生徒に「何のために」「誰のために」「なぜ」スポーツをするのか、練習をするのかといった問いかけを行い、１人ひとりの願望の明確化をサポートしていますか？

⑨個人と組織のよりよい関係づくりとチームビルディング

☐ YES　☐ NO

あなたは、チームの理念と、選手や生徒１人ひとりの理念をインテグレート（統合）し、個人と組織のよりよい関係構築をサポートしていますか？

⑩主体性の発揮

☐ YES　☐ NO

あなたは、選手や生徒の内発的動機付けを高めるための具体的な取り組みを行っていますか？

はじめに

この本を手に取っていただいた指導者の皆さんには、本書を読み始める前に、巻頭に掲載した「『指導の課題』発見のためのチェックリスト」をぜひ試していただきたい。

このチェックリストは、私がこれまでラグビー指導者として選手の育成、指導者の指導を長年手がけてきた経験をもとに、指導者がつまずきやすいポイントを10項目抽出したものだ。

日々スポーツ指導を行っていくなかで、選手1人ひとりのニーズの把握やモチベーションの維持、コミュニケーションの活性化を始め、指導者はさまざまな課題に直面する。

また、いったん確立され、これまでうまく回っていたノウハウや手法も、指導する相手が替わったり、時代や競争環境の変化にともない、見直さざるを得なくなることもある。そのため指導者には、指導の方法や選手との向き合い方を、常に改善、進化させていく姿勢が不可欠だ。

巻頭のチェックリストで、読者の皆さんが今直面している指導の課題を再認識し、課題を解決するための答えを模索しながら、本書を読み進めていただけたら幸いだ。

私は埼玉県立熊谷工業高等高校、日本体育大学でラグビーに打ち込んだあと、保健体育の教師として埼玉県入間市立東金子中学校に赴任した。

そのあと、1985年に創立された流通経済大学付属柏高等学校に赴任し、同校ラグビー部の創設に携わり、初代監督を務めた。

当初は無名だった同校ラグビー部は、ウエイトトレーニングと栄養管理に焦点を当てた科学的な練習を経て、全国レベルの強豪校として知られるようになり、私の監督在任期間中に20大会連続22回の花園出場をはたした。

その間、私はラグビー高校日本代表チームのコーチを3年間務め、2010、11年度には17歳以下の日本代表チームとして新設されたU-17の初代監督も務めた。

ところが2015年に、私はパワハラ問題で流通経済大学付属柏高等学校のラグビー部監督を解任され、ラグビー指導の現場を離れた。

テレビや新聞などのメディアで全国にニュースが流され、「Yahoo!ニュース」でもトップニュースになり、私は数多くの批判や中傷にさらされた。

先の見えない暗闇の中にいるようなどん底の状況のなかで、私は約2年の月日を、ただ無為に過ごしていた。

そこから、居場所のなくなった日本から追い立てられるようにして海外に留学し、約1年の留学から帰国してから、私はアメリカの精神科医・ウイリアム・グラッサー博士が提唱した選択理論心理学（選択理論）に出会った。そして私はさまざまな学びや気づき、人との出会いをとおして逆境と葛藤を乗り越え、新たな人生の目的の実現に向けて、歩み始めている。

私の人生の目的は、「講演活動や指導者研修をとおして、自分がしくじった経験から、指導者にとって気づきや学びのヒントになることを伝えていく」ことだ。

私は、自分自身の責任の取り方として、今でも現場での指導とは一線を引き、流通経済大学ラグビー部チームのアドバイザーと、指導者の指導を行っている。

本書では、私の失敗体験をとおして、自分の「正しさ」を押しつける指導から、内発的動機付けによって選手の主体性を引き出し、本人が自ら考え判断し、行動できるようになってもらうための指導にどう転換していったのかを記した。

「俺みたいにはなるな！」

これが、今の私の正直な気持ちだ。

私が今手がけている講演活動も、指導者の指導も、「かつての自分のように、しくじる指導者や教員を出してはいけない」という思いのもとに行っているものだ。

パワハラ問題は、スポーツ分野に限らない。実際、企業を始めとするさまざまな組織でパワハラが跡を絶たず、社会的に大きな問題になっている。

本書のなかから、何かの気づきや学びのきっかけになるヒントを読み取っていただけたら、これほど嬉しいことはない。

第3章 自分が相手を変えるのではない。相手が自ら気づいて変わるのだ

第4章 「自ら考え判断し、行動できる人材」をどう育てるか

第5章 スポーツも仕事も「ハピネス」を目指せばうまくいく

第6章
日本の未来をつくる人材育成は、君たちの手にかかっている

パワハラで壊れたレジェンド

第1章

ラグビー以外に選択肢はなかった

今、振り返ってみると、自分にはラグビーしか選択肢がなかったと思う。

高校時代にラグビーを本格的に始めてから、わき目もふらずにラグビーに打ち込んできた。他に選択肢があるのかどうかも、考えたことはなかった。

今思えば、ラグビーは私の生活の一部になっていたような気がする。

じつをいえば、私が初めて出会ったスポーツは、ラグビーではない。小学生の頃は野球少年で、少年野球チームに6年間所属していた。なかなか強いチームだったが、6年生の頃にはポジションはキャッチャー、打順は1番を任されるようになっていた。

こう見えて、私は幼い頃、恥ずかしがり屋で引っ込み思案な性格だった。ところが、スポーツをやるようになってから、人前に出ることが恐くなくなった。スポーツが育んでくれたものは大きかったと、改めて思う。

中学生になってからはバレーボール部に入部した。その頃、旧・西ドイツで開催されたミュンヘンオリンピックで金メダルを目指す、バレーボール日本代表チームの戦いぶりを描いた『ミュンヘンへの道』というアニメ番組が流行っていた。

部活動では3年間バレーボールを続けたが、学校の授業のクラブ活動で初めてラグビーに出会った。バレーボール部の顧問の先生が、ラグビークラブの担任も兼ねていて、その先生から「ラグビークラブに入らないか」と誘われたのだ。

ラグビークラブの先生は日本大学ラグビー部のOBで、クラブの先輩の中には埼玉県立熊谷工業高等学校（以下、熊谷工業と記載）に進学してラグビー部に入り、東大阪市の花園ラグビー場で開催される全国高校ラグビー大会（全国高等学校ラグビーフットボール大会）に出場した人もかなりいた。

熊谷工業が花園の常連で、全国でも屈指の強豪チームだということは、その頃から知っていた。

クラブで週1回の練習を続けるなかで、ボールを持って「当たりに行く」とかタックルで相手を倒す激しいコンタクト（身体接触）を始め、走る、パスをする、キックをするといった、あらゆる身体能力を駆使して行われるラグビーというスポーツに魅了された。

「熊谷工業でラグビーをやりたい」と、私は思うようになっていた。

強いチームで頑張れば全国大会に出られるということは、非常に魅力的だった。

「熊谷工業のラグビー部はものすごく厳しくて、練習もきついらしい」とみんなは話していたが、私は逆にそこに憧れた。

「普通の人にできないことをやるのだから、自分も強くなれるはずだ」と。

そこで私は両親に、「熊谷工業に入ってラグビーをやりたい」と希望を伝えた。

普通科に進学することを望んでいた両親は反対したが、私は反対を押し切って熊谷工業に進学し、ラグビー部に入部した。

名門チームで頂点を目指して

私が熊谷工業ラグビー部で指導を受けたのは、「ラグビー王国・埼玉」の立役者といわれる伝説の名将・森喜雄先生だ。

森先生の指導は、さすがにきつかった。たとえば毎年夏に、秩父の山の上にある廃校で合宿をするのだが、とにかく走らされてばかりいた。朝5時に起床してマラソンをして、山のふもとまで降りてまた登る。とくに目をつけられていた部員は、柔道の帯をつないで腰に結び、森先生を引っ張りながら、走って山を登るのだ。

合宿の最終日には地獄の35キロマラソンが待っている。

午前中の基礎体力トレーニングも厳しいものだった。グラウンドでタイヤを押したり、すでに行われなくなって久しいウサギ跳びをしたり、ペアを組んだ他の部員をおぶって走るといった、ボールを持たないトレーニングが延々と続くのだ。

だが、部活をやめたいと思ったことはない。

私には、やめる選択肢はなかったのだ。何より、仲間と一緒にいるのが楽しかった。毎日の練習をこなすだけで一杯一杯だったが、幸いなことに、私は2年生のときにレギュラーに選ばれた。2年生のときにはプロップ、3年生のときにはフランカー（P.199掲載のラグビーのポジション図を参照）を任された。

プロップはフォワードの中心的な存在で、背番号は1番か3番をつけている。スクラムの最前列で相手フォワードと組み合う「スクラムの柱」といわれるポジションだ。

フランカーはラグビーの花形といわれるポジションで、背番号は6番か7番。最も走力が求められるポジションで、機動力を活かしてフィールドを駆け回り、攻守のさまざまな場面で活躍するオールラウンドプレーヤーだ。

私が高校2年生のとき、Bブロック熊谷工業の生徒を中心としたオール埼玉は長野国体（1978年）で準優勝し、花園でもベスト8入りをはたしている。

その花園の準々決勝では、大分舞鶴高校（大分県立大分舞鶴高等学校）と戦った。国体でも準優勝していたので勝てると思ったが、接戦の末、惜しくも敗れてしまった。

悔しさのあまり、私は試合で負けて初めて泣いた。

「次の花園では優勝を目指そう」と思いも新たに、また練習に取り組み始めた矢先のことだ。私は、

3年生になる直前の春合宿に行われた練習試合で鎖骨を骨折してしまう。

ケガが治り、全国大会出場も決めたあと、その年に日本一となった目黒高校（現・私立目黒学院高等学校）と練習試合を行った際、今度は肩を骨折してしまった。

私は結局、3年生のときには花園で試合に出場することができず、ギプスを巻いて入場行進にだけ参加した。

2年でレギュラー入りをはたしてフォワードの中心選手となり、3年生になってからは花形ポジションを任されて張り切っていた。「今年の花園ではもっと活躍したい」と思っていただけに、私は大きな挫折感を味わった。

ラグビーの練習と試合に明け暮れるなかで、自らの進路を決めなければならなかったが、私は大学でもラグビーを続けることを選択し、日本体育大学に進学した。

ところが、日体大ラグビー部に入部してみて、私は非常に驚いた。高校ラグビーと大学ラグビーのレベルには、天と地ほどの開きがあったからだ。

日体大のラグビー部には全国から優秀な人材が集まっていて、私の同期にも、高校日本代表選手はもちろん、大学卒業後に日本代表チームのメンバーに選ばれた、優れた選手が数多くいた。あまりのレベルの違いに、自分は「井の中の蛙」だったことを思い知らされた。

練習の厳しさも、高校とは比べ物にならない。1年生の頃はついていくだけでも大変だったが、2年生になってからは、しっかり練習をこなせるようになった。

ところが、大学生活も4年目を迎えようとする頃、思いもしない出来事が起こる。

学年末を間近に控えた3月、チームに不祥事があり、その年の夏までほぼ半年の間、部活動が停止になってしまったのだ。

結果的に、監督やコーチを始めとするスタッフが大きく入れ替わり、新体制のもとでチームは再スタートを切る。チームの運営体制も、たとえば目標設定から練習計画への落とし込みまで、学生が主体的に取り組む方向に大きく舵を切った。

だが、新体制のもとでチームが再スタートしたはいいのだが、シーズンが始まる9月までもう時間がない。これが、自分たちにとって最後のシーズンなのだ。チームのメンバーは奮起し、文字通り一丸となって練習に打ち込み、試合に臨んだ。その結果、順当に勝ち上がり、決勝戦に駒を進めた。

決勝戦の相手は同志社大学だったが、残念ながら力及ばず、勝つことはできなかった。

優勝はかなわなかったが、半年間のブランクを乗り越え、大きな成果を上げたのだから、思いはひとしおだ。

グラウンドにいたメンバーも、スタンドにいたメンバーも、みんな大きな声を上げて泣いていた。

このとき私は、チームが1つになったという確かな手応えを感じた。

ラグビー指導者として、選手1人ひとりの成長に関わりたい

短期間ではあったが、チームが本当に一体になり、大きな成果を成し遂げたという体験は、私の心を大きく動かした。

ラグビーの指導者になりたいと、私は思うようになったのだ。

じつは企業からのオファーがあり、大学卒業後も社会人としてラグビーを続ける選択肢はあった。でも、現役時代の自分は、けっしてトッププレーヤーだったとはいえない。

社会人としてラグビーを続けるよりも、ラグビーの指導者になって若い選手たちを育てたいという思いのほうが強かった。

そのために教員になろうと、私は自分が進む道を定めた。

そして、埼玉県の教員採用試験を受けて、保健体育の教師として埼玉県入間市立東金子中学校に赴任することになった。

ところが赴任して間もなく、私にとって大きな転機が訪れる。1985年に創立された流通経済大学付属柏高等学校(以下、流経大柏高校と記載)ラグビー部の初代監督および保健体育教員として、私に白羽の矢が立ったのだ。

元日体大学長で、私もラグビー部時代に監督としてお世話になった綿井永寿先生から、

「流通経済大学(以下、流経大と記載)の創立20周年を記念して、千葉県柏市に付属高校が設立されることになった。ラグビー部をつくってチームを強化する。松井、行ってくれ」

と、声をかけられた。

私はそのご厚意をありがたく受け、流経大柏高校に赴任した。

同校を訪れ、当時、流通経済大学の学長を務めていた佐伯弘治先生（のちに同校および流経大柏高校の運営母体である学校法人日通学園の学園長に就任）に初めてお目にかかったとき、

「ラグビーを校技にしたい。全国レベルのラグビーチームをつくってほしい」

と、佐伯先生は声をかけて下さった。

ラグビーを、流経大柏高校の校技、すなわちシンボルスポーツにしたいという言葉に、私は打たれた。

佐伯先生の言葉のとおり、ラグビーは流経大柏高校の校技になっている。

男子学生が対象になるが、流経大柏高校では、週に1回のラグビーの授業が実施されている。

これは高大連携教育のシンボルとして、ラグビー部においては高大あわせて7年間ラグビー教育を行うという日通学園の教育方針にもとづくものだ。

その根底には、第6章で記すように、ラグビーはダイバーシティ（多様性）を体現したスポーツであり、われわれが目指すべき社会像を示しているという考え方がある。

今振り返ってみれば、流経大柏高校ラグビー部の創設は、まったくのゼロからのスタートだっ

た。

最初は部員数もゼロだから、まずはリクルーティングから始めなくてはならない。

ところが、ちょうどその頃、高校ラグビーをテーマにした『スクール・ウォーズ』という学園ドラマがテレビで放送されていたお陰で、部員を集めること自体に苦労はなかった。

『スクール・ウォーズ』の主人公は、いわゆる「荒れた学校」に赴任した元ラグビー日本代表の高校教師。彼は赴任先の高校で、無名弱小のラグビー部の監督として、部員たちに体当たりの指導を行う。その結果、同ラグビー部は7年後に全国大会で優勝をはたすというのが、このドラマのストーリーで、当時大きな話題になっていた。

じつは、『スクール・ウォーズ』の主役のモデルになった人物は、私の母校である日体大の、畏敬してやまない大先輩だ。私はその先輩の指導スタイルに大きな影響を受け、彼のようなラグビー指導者になることを目指していた。

結局、私たちは初年度に、約50人の部員を獲得することができた。

ところが、創部当初から全国大会出場を目指して厳しい指導を行ったため、翌年には部員がたった5人しか残らなかった。

そんな状態が3年続いたので、学校側に4期生からスポーツクラスをつくっていただいた。そのお陰で、素質が高いスポーツクラスの生徒を中心に、ラグビー部への勧誘ができるようになった。

チームの戦力レベルが大きく向上したのは、それからだ。

4期生が2年生になった年の県の新人戦で、私たちは優勝し、県民総合体育大会でも準優勝をはたした。

そして、彼らが3年生になった年に、全国大会の県予選で決勝戦に駒を進めたが、八千代松陰高校（私立八千代松陰高等学校）に12対8で惜しくも敗れた。

流経大柏高校が初めて全国大会に出場したのは、その2年後のことになる。創部8年目で、ようやく花園出場の夢が叶ったのだ。

しかも彼らは、ラグビー経験者が1人しかいなかったにもかかわらず、花園初出場でベスト8に入るという快挙を成し遂げた。

花園に初出場したときの準決勝の相手は、同大会、前大会と2連覇をはたした強豪の京都伏見工業高校（京都市立伏見工業高等学校）だ。そのとき流経大柏高校は、前半はリードしていたが後半で逆転され、わずか1点差で敗れてしまった。

何か番狂わせが1つでもあったら、花園初出場で初優勝もあり得たと、今でも思っている。

これはミラクル、奇跡ではない。

もちろん、選手たちは猛練習を続けてはいた。だが1ついえるのは、彼らはウエイトトレーニングと栄養に焦点を当てた科学的な練習を、徹底して行っていたということだ。

そのポイントは、週3回の徹底したウエイトトレーニングと食事管理、そして練習量にある。その成果が試合で、見事に現れたのだ。

私たちは選手にトレーナーをつけたり、外部からプロのストレングスコーチを入れて、筋力アップに特化したトレーニングを徹底的に行っていた。また、選手のメンタル面を強化しパフォーマンスを向上させるため、メンタルトレーナーによるメンタルトレーニングも実施した。

そのほか、栄養管理のためにサプリメントやプロテインも使用するなど、あらゆる手法を採り入れた。

先に述べたように、花園デビュー当時の流経大柏高校は、高校からラグビーを始めた選手ばかりで、経験者が1人しかいなかったからだ。

だから勝つことから逆算すれば、テクニックやスキルで勝てないなら、身体とメンタルを鍛えるしかない。

「ラグビーが下手でもいい、体力と精神力で勝負する」というのが、当時の私たちの戦略だった。

これが、今に続く流経大柏高校のラグビーの基盤になっていると、私は思う。突破力が強い「フォワードの流経」、あるいは「ヘラクレス軍団」と呼ばれることもあった。その頃から、高校ラグビー界でもウエイトトレーニングが重要視されるようになり、それが今では当たり前のように行われるようになったのだ。

ちなみに、花園に初出場した4期生たちは、ほぼ全員が流経大に進学している。彼らは大学でも活躍し、4年生のときに、チームを関東リーグ戦の2部から1部に引き上げてくれた。それが今の流経大ラグビー部の礎となっている。

話を戻すと、流経大柏高校は、花園デビューの翌年もベスト8入りをはたした。関東大学大会でも関東チャンピオンになり、メンバーの中に高校日本代表の候補選手が7人もいた。花園初出場当時よりもよいチームに仕上がっていて、とにかく強く、「日本一を目指そう」といって、みんなが張り切っていた。

ところが、そこに大きな落とし穴があった。

練習のしすぎと、私の指導の未熟さによるところが大きかったのだろう。全国大会の県予選の決勝戦で選手のケガが続いたり、試合中にアクシデントが起きた結果、決勝戦で敗退してしまったのだ。

これまで一度も負けたことのない相手に負け、花園連続出場の記録が途切れた。

その教訓は大きく、指導方針も改めた。あのときの負けがなければ、今の流経大柏高校ラグビー部の活躍も、なかったかもしれない。

日本ラグビー「ワールドカップ8強」入りのために

私は、流経大柏高校ラグビー部の監督として、選手の指導にあたる一方、ラグビー高校日本代表チームのコーチを3年間、2009年度には17歳以下の日本代表チームとして新設されたU-17の初代監督を務めた。そのあと2011、12年度には高校日本代表チーム（U-18）監督として、采配を振る機会もいただいた。

その間に、オリンピックやワールドカップの出場選手、ユース日本代表など、トップリーグで活躍する数多くの選手の育成に関わった。

高校日本代表監督時代には、強豪のスコットランドに11年ぶりに勝利し、フランスにも34年ぶりに勝利するという快挙を成し遂げた。

そんななか、私は日本高校ラグビー界の指導者の1人として、日本ラグビーフットボール協会が2007年に発表し実施した「ATQプロジェクト」にも参画した。

「ATQ」とは「Advance To the Quarterfinal」、つまり「準々決勝に進出する」という意味だ。日本で開催されるワールドカップでのベスト8入りを目指し、ユースの強化を軸にして、日本ラグビーの強化を図ろうというのが同プロジェクトの目的だった。

私はユース部門の統括として、全国の高校ラグビー指導者と連携し、U-17やU-18（高校日本代表）のユースから、U-20（20歳以下）ジュニア・ジャパン（かつて存在した23歳以下のカテゴリー）などへと続く一貫指導体制を構築するために奔走した。

「ATQプロジェクト」が生まれた背景には、「日本で開催されるワールドカップでベスト8以上に入ることができなければ、日本ラグビーは衰退する」という強い危機感があった。

そこから逆算すれば、来たるべきワールドカップの舞台で中心的な存在となるトッププレーヤーの育成に、早期から着手する必要がある。そこで高校生の育成や中学生の発掘、いわばダイヤモンドの原石を早期に発掘し、磨き上げるための仕組み作りに、私たちは取り組んだ。

具体的には、高校日本代表チームの選手は従来、一部の強豪校だけから選ばれていた。そこで全国にセレクトチームをつくって優秀な人材の発掘ができるようにした。

また、日本全国を9ブロックに分けて、コーチの養成と選手の育成を行う仕組みも整えた。たとえば、各ブロックから指導者を集めて研修を行ったり、各ブロックに所属する各都道府県から有望なユース選手を集めてトレーニングを実施する。さらに、各ブロックから選出されたU-17代表選手の合同合宿も行った。

これらは、一部の強豪校に限らず、全国津々浦々から将来有望な人材を発掘し、高校日本代表や未来の日本代表への道を開こうとする取り組みだ。

2002年には、関東地区1都7県それぞれのナンバーワンチームが総当たり戦で競い合う「関東高校スーパーリーグ（KSL）」も発足させた（2006年から12チームが参加）が設立された。同リーグは私自身が起案し、実現したものだ。それまで高校ラグビーは「西高東低」の状態にあり、関西勢と関東勢にはかなりの実力差があった。そこで関東地区の高校ラグビーのレベルアップと各チームの部員間の相互交流をはかるために、関東高校スーパーリーグはスタートした。

参加校から代表、事務局長、会計・監査役が出て、民間企業からスポンサーを募ってリーグの運営が行われた。選手たちは、スーパーリーグ専用公式戦ジャージを着用して試合に臨んでいた。コロナ禍の影響で2021年4月以降の試合が延期となり、活動が休止しているのは残念だ。しかし、同リーグによる取り組みが、関東地区の高校ラグビーのレベル向上に少なからず貢献し、民間による運営で約20年活動を維持してきたことは、非常に誇らしいことだと思う。

ほかにも、ワールドカップで日本が勝ち上がるには、体格的に大きな差がある南半球の国々のチームより、北半球の国々をターゲットに据えて勝利を重ねるほうが有利だ。そこで、主に北半球のターゲット国を中心に、海外遠征を数多く行う体制もつくり上げた。

あの頃の私を突き動かしていたものは、「自分たちの手で、何としても日本ラグビーのユースを強化しなければならない」という責任感。そして、そこから若い選手たちが大きな成長を遂げ、日本開催のワールドカップでベスト8入りを達成するという夢、希望だったと思う。

その夢を叶えるために、高校ラグビー界が一致団結して組織をつくり、その組織の中でみんながそれぞれの役割をはたしていた。

そうしたなかで、高校日本代表チームによる11年ぶりのスコットランド戦の勝利や、34年ぶりのフランス戦での勝利も実現したわけだ。

そうやって育っていった、かつての高校日本代表チームのメンバーの中心選手が、2019年に開催された「ラグビーワールドカップ2019日本大会」に出場し、あれだけの活躍を見せたのだ。

日本代表チームは、優勝候補のアイルランドにワールドカップで初めて勝利するという大金星をあげ、決勝トーナメントに初進出した。準々決勝で南アフリカに敗れたが、彼らは、長年の夢だったワールドカップベスト8入りという快挙を、本当に成し遂げたのだ。

私は、その模様をテレビで見ながら、涙を流した。

すでにラグビー界から去っていたが、ここで1つの終止符が打たれたような気がした。

「これでやっと、自分は責任を果たすことができた」と、私はそのとき感じた。

あの頃に関わった多くの選手や関係者たちが、本当に頑張ってくれた、という嬉しさ。そして、もう自分はラグビー指導の現場にはいられないという現実の悲しさ――。

私の心の中には、さまざまな思いが交錯していた。

人生を大きく変えた「事件」

これが、私が現役時代と指導者時代をあわせて30年以上にわたり、駆け抜けてきたラグビー人生だ。

ところが、パワハラ問題をきっかけに、私の人生の歯車は大きく狂い始めることになる。

それは、全国高校ラグビー大会開幕前日、２０１４年12月26日のことだった。

私は、その日の練習で、気の抜けたプレーをした3年生の選手を、全員の前で怒鳴りつけ、彼の胸を小突いた。彼にケガはなかった。

チームの中心選手として期待していたから、つい手が出てしまったのだ。

匿名の通報があり、翌年1月に大会が終了してまもなく、学校側から事情を聞かれた。私には体罰の認識はなかったが、「それが暴力だと取られるなら間違いはない」と認めた。「パワハラ」の発覚後、私は無期限の謹慎処分となった。

そして私は1月31日付で監督を解任され、ラグビー指導の現場を離れた。

テレビや新聞などの大手マスコミで全国にニュースが流され、「Ｙａｈｏｏ！ニュース」でもトップニュースになるような大事件になった。パワハラ問題がマスコミ沙汰になったことで、私は教員の地位までも失うことになる。

ＳＮＳなどにも、私を批判、中傷する投稿があふれるようになっていた。

私にもいい分はある。だが、だからといって、いい訳はしない。実際にメディアの取材でも、「手を出したことは事実だ」と話し続けてきた。

これが、社会的制裁というものなのだろう。

まもなく、私は流経大柏高校から流経大本体への異動を命じられた。

夜に人目を忍んで荷物をまとめて高校の教員室を出て、大学に引っ越しをすませた。引っ越しを手伝ってくれたのは、私の教え子だ。

大学では一室をいただいたが、２年間、ほとんど仕事がなかった。私に「とにかく静かにしていてほしい」ということだったのだろう。

今思えば、大学側も私の処遇に相当悩んだはずだ。あれだけ世間を騒がせたのだから、無理もないことだ。温情ある処遇には感謝している。

ただ、当時の私にしてみれば、怒りしかなかった。

この私も及ばずながら、付属高校、大学本体の進学率や競技力の向上に役立てればと考え、全力で頑張ってきたという自負がある。私がどれだけの思いで、この流経大柏高校ラグビー部を立ち上げ、全国に名だたる強豪チームに育て上げてきたかを理解してほしかった。

もっといえば、「スポーツの流経」の実績と評価をつくり上げたのは、この自分だとさえ思っていた。

それなのになぜ、たった1回の失敗でこんな目に遭わなければならないのか——。

あの頃は、そんなことばかり考えていた。

さらには、ずっと私を支えてくれる味方だと思っていた人たちまでが、手のひらを返したようにネガティブキャンペーンをするようになった。

すべてが怒り。周囲すべてが敵だった。

悪いときには悪いことが重なるものだ。私のかけがえのない恩人であり恩師である、佐伯弘治学園長が急逝されたのだ。

私が流経大柏高校ラグビー部の創部以来、同チームを日本でも有数の強豪に育て上げることができたのも、佐伯先生の叱咤激励あってのことなのだ。

佐伯先生は私を心から信頼し、信用してくれた。その恩に報いたいという思いがあったからこそ頑張れた。

だが、私が体罰問題について謝罪に伺った頃には、佐伯先生の容態は非常に悪化していた。

病室も面会謝絶で、とうとうお目にかかることができなかった。

恩返しをするどころか、謝罪さえできぬまま、佐伯先生は他界されてしまったのだ。

失意と葛藤の日々、そして海外へ

あの頃、自分が何をしていたのかを思い出そうとしても、まったく思い出せない。

おそらく何もしていなかったのだろう。

ただ、いつもイライラしていて過去を悔やんだり、「なぜ自分の思いはこうも理解されないのか」と、変えようもない世間の批判や中傷に憤っていた。

先の見えない暗闇の中にいるような心境だった。

目の前には何も見えず、一点の光もない。怒りや憎しみ、そして「なぜ俺がこんな目に遭わなければならないのか」という被害者意識があるだけだった。

心身ともにボロボロになり、体も壊した。高いときには血圧が200近くまで上がり、ストレス性の気管支喘息から難病指定にもなり、手術まで行った。

自分の名前をいうことも、顔を出すのも嫌だった。外出時には目出し帽をかぶり、顔がわからないようにしていた。

とくに、自分の名前は絶対に口に出したくなかった。ネットを検索すれば、私を誹謗中傷する記事や書き込みが、たくさんヒットするだろうからだ。

そんなみじめな日々を、私は過ごしていた。

さらには、ショックを受けた次女が高校受験に失敗した。「私の人生を狂わせたのはお父さん」とまでいわれたが、これはさすがにきつかった。

このように、「マスコミで叩かれた失敗者」という十字架を背負わされ、私はずっと社会的な制裁を受けてきた。

家族にさんざん迷惑をかけ、家庭も崩壊に向かっていった。

「それでもまだ足りないのか。これ以上、俺に何を望むのか？」

憤りのあまり、そう叫びたくなったこともある。

そうしたなか、私はいつの頃からか、「あえてその十字架を背負い、自分なりにけじめをつけなければならない」と思うようになった。

「もう現場の指導には関わらない」

これが、私が出した結論だった。

ラグビー指導の現場から離れる以上、もう自分に居場所はない。ということは、このまま、ここにいても何も変わらない。日本にはもう自分の活躍できる場はないのだから、海外に行こうと私は考えた。

そうなると、いてもたってもいられない。何かやらなければ、自分自身がおかしくなりそうだった。

一刻も早く海外に行きたい。

一刻も早く日本からいなくなりたかった、というほうが正しいかもしれない。

私はニュージーランド、オーストラリア、フィジーに留学することにした。いずれも世界的なラグビーの強豪国で、ニュージーランドやオーストラリアは私も何度か訪れたことがある身近な国だ。フィジーにも、私のかつての教え子で、柔道のナショナルチームの指導者として活躍している人がいる。

このままではいけない——。

私はせき立てられるように、最初の留学先であるニュージーランドに向けて旅立った。

2017年春、私が56歳のときだった。

第2章

「しくじり」の原因――自分はいったい何を誤ったのか

相手の心が傷つく指導でも、勝てばそれでいいのだろうか？

私がパワハラ問題で、2015年に流経大柏高校ラグビー部の監督を辞任してから、8年の月日が過ぎた。

私なりの責任の取り方として、選手たちを直接現場で指導することからは、今でも距離を置き続けている。

かつての自分を振り返って改めて思うのは、私自身がパワハラというものを、非常に軽く見ていたということだ。

批判を恐れずにいえば、スポーツ指導の現場には、今もそういう風潮が根強く残っているような気がする。

実際に、いわゆる「スポハラ（スポーツ・ハラスメント）」が増加の一途をたどっている。

公益財団法人日本スポーツ協会（SPO）は、スポーツにおける暴力行為やハラスメント、その他不適切な行為などの相談窓口を設け、窓口に寄せられた相談件数を公開している。

同協会によれば、2023年度に窓口に寄せられた相談件数は過去最高の485件と、前年の約1.3倍になった。2020年度、2021年度は、コロナ禍の影響で相談件数が減少したことも影響しているが、2022年度は、相談件数は前年度の約2倍に増えていた。相談内容も年を追うごとに変化が見られる。相談件数をカウントし始めた2014年は暴力が31パーセントともっとも多かった。ところが2023年度は、暴力が10パーセントに減少し、暴言が39パーセントと最多になっている。

暴言もパワー・ハラスメントも、「『暴力』の相談よりも不適切行為かどうかを判断するのがより難しい」と、同協会は指摘している。

データを見る限り、たしかに身体的な暴力は減ったかもしれないが、より目に見えづらく、グレーゾーンに近いものに姿を変えているように思えるのだ。

ほかにも、競技のレベルが上がれば上がるほど、パワハラ問題も多くなるということを示すデータもある。競技レベルが上がればパワハラ問題も増加するということは、勝つことが優先されるなかで、指導者と選手とのあいだに大きな「ボタンのかけ違い」が生じていることを示していると思う。

私自身の反省を踏まえながら、その「ボタンのかけ違い」とは何なのかについて、本章で述べていくことにする。

「ボタンのかけ違い」とは、言葉のかけ方から生じるものもあれば、人間関係から生じるものもあるだろう。たとえば、指導者と選手の関係がフラットではなく、主従関係になっていると、指導が命令や強要に近いものになるということだ。

それがパワハラ問題を引き起こす1つの原因になっているのではないかと思う。「今のところ、パワハラだといわれるような問題は起きていないから大丈夫だ」と、思ってはいただきたくない。

指導者が理解しなければならない、もっと大事なことがあるはずだ。原理原則、事の本質を見たいと私は思う。

現在、表に出ていることは「氷山の一角」で、それがパワハラだといわれても仕方がないようなことが、身の回りで数多く起きているかもしれないのだ。

ここで読者の皆さんに問いたい。

そもそも指導者は、勝つという結果を出せばそれでいいのだろうか？

結果を出すのは大事なことだ。でも、結果重視が行きすぎ、選手本人ではなく、選手たちが出した結果しか認めないのでは本末転倒だ。選手1人ひとりの存在や行動を承認することが、もっとも大切なのではないだろうか。

そもそも、どんな行為がパワハラになりやすいのか

パワハラ問題の難しさは、同じ言葉や行為であっても、それがパワハラになるかどうかは相手の捉え方による、ということにある。

相手によって捉え方が異なるので、仮に100人のうち99人が「それはパワハラにはあたらない」と思っても、1人が「それはパワハラだ」と思えばパワハラが成立する可能性がある。どこまでが指導として許容され、どこからがパワハラになるのかを明確に線引きすることは、現場では非常に難しい。

そこで、現在定められているルールのなかでは、どんな言動がパワハラにあたると考えられているのかを整理しておきたい。

厚生労働省は、いわゆる「パワハラ防止法（「改正労働施策総合推進法」の通称）」にもとづき、2020年6月に「パワーハラスメント防止指針」を公表したが、そこには、パワハラに該当すると考えられる例として、次の6つが挙げられている。

①身体的な攻撃（暴行・傷害）
②精神的な攻撃（脅迫・名誉棄損・侮辱・ひどい暴言）
③人間関係からの切り離し（隔離・仲間外し・無視）
④過大な要求（業務上明らかに不要なことや遂行不可能なことの強制、仕事の妨害）
⑤過小な要求（業務上の合理性なく、能力や経験とかけ離れた程度の低い仕事を命じることや仕事を与えないこと）
⑥個の侵害（私的なことに過度に立ち入ること）

この法律は雇用形態にかかわらず、すべての労働者を対象にしたものだが、スポーツ指導のうえでも大いに参考になるはずだ。

ただし、①優越的な関係を背景とした言動、②業務上必要かつ相当な範囲を超えたもの、③労働者の就業環境を害するものという3つの定義をすべて満たさなければ、パワハラとはみなされないことに注意したい。

先に、日本スポーツ協会が公表した「スポハラ」に関する相談内容の中で、暴力が減っていることを紹介したが、指導者が相手に直接手を出す体罰以外のパワハラが増えているのが、一般的な傾向だ。

厚労省の指針に記されている②から⑥について、個別の内容を見ていくと、たとえば②の「精神的な攻撃」には「人格を否定するような言動を行うこと」や「他の労働者の面前における大声での威圧的な叱責を繰り返し行うこと」が含まれる。

また、「一人の労働者に対して同僚が集団で無視をし、職場で孤立させること」も③の「人間関係からの切り離し」にあたり、⑤の「過小な要求」には「気にいらない労働者に対して嫌がらせのために仕事を与えないこと」が含まれていることに注目したい。

いわゆる「スポハラ」が、より間接的で陰険、あるいは陰湿なものに形を変えているように思えるからだ。

なかでも「過小な要求」は陰湿で、間接的ながらも相手に与える精神的なダメージが大きい。

たとえば、練習の態度がよくない選手に対して、「いいよ、いいよ、別に練習しなくても」と思わずいいたくなることもあるが、指導者は普段から注意が必要だ。

もっといえば、指導の現場には、パワハラを引き起こす原因になりかねない土壌のようなものがあると、私は考える。

まず、先にも記したように、指導者と選手とのあいだに主従関係があり、勝つことを優先する風潮がある。ほかにもスポーツ特有の強い仲間意識があり、精神論や暴力を容認する意見が、指導者はもちろん保護者にも根強く見られる。

個人によって意識は大きく異なるが、選手の中にも、昔ながらの厳しい指導を必ずしもマイナスとは捉えない考え方があるのも確かだ。

私自身、ある選手から、「僕には残念なことが1つあります。僕は1回も先生に殴られなかったので、期待されていなかったのかなと思っていました」といわれたことがある。

私は、かつての自分の指導を正当化しようとは思わない。勝つことを優先しすぎた指導の結果、そのような言葉をいわせてしまったのではないかと、反省しているのだ。

私は、勝つことから逆算した指導を行っていた。勝つことが善だと思っていたし、勝つことが教育だと思っていた。こうした考え方から抜け出せないから、パワハラ問題が頻発しているのかもしれない。

自分たちも、そうやって指導を受けてきた。だから、いまだに自分たちが受けてきた指導が最善だと考え、同じやり方を繰り返しているのだ。

選手と指導者が対等にモノをいえる関係がなかった。

私はなぜ、「しくじった」のだろうか――

まず反省しなければならないのは、選手と指導者がお互い対等にモノをいえる関係を築かなかったことだ。

選手との関係はもちろん、チームのスタッフや関係者との関わり方も、主従関係からフラットな関係に転換すべきだった。お互いに対等でなければ、相手は自分の意見をいうことができない。

私は、内発的動機付けによって選手の主体性を引き出し、本人が自ら考えて判断し行動できるようになってもらうことが、スポーツ指導の目的だと考えている。選手1人ひとりが自ら考えて判断し行動できるチームが、高いパフォーマンスを発揮するからだ。

内発的動機付けとは、人の内側から生まれる感情や思考、信条によってつくられる動機のことをいう。主体性のカギになるものが、内発的動機付けなのだ。

最終的な人格形成という意味で、スポーツ指導とはリーダーシップ教育だといえるのではないかと私は考える。自ら考えて判断し行動できる人こそがリーダーシップの持ち主であり、自ら考えて判断し行動できる力を育てることが、リーダーシップ教育だ。

リーダーシップには、コミュニケーション能力や行動力、判断力、創造力などさまざまな要素があるが、そのベースになるものは、自ら考えて判断し行動できる力なのだ。そのベースを築くためには、選手と指導者とのあいだに、フラットで対等にモノがいえる関係がなければならない。

逆に、お互いにフラットな関係のなかで、選手が意見をいったときに、指導者がどれだけの度量をもって対応できるかが問われているともいえる。

今思えば、以前の私は、度量がなかったから「つべこべいわず、とにかくやれ」といって、強制的にやらせていたのだろう。

まさに、私の指導力のなさが体罰に結びついていた。

今振り返ればそういえるのだが、当時は「これが最善だ」と思ってやっていた。悪いという自覚がないどころか、それが愛だとさえ思っていたのだ。

「指導とはそういうものだ」という信念があったから、ときには威圧や強制とも取れるような言動を、私はむしろ意図的に行っていた。

指導者は、ときには役者としてふるまうことがある。その時々の状況に応じて、優しい雰囲気を出したり、厳しい雰囲気を出したりしながら、ある意味パフォーマンスをするわけだ。

私は、厳しい指導者というスタイルを貫いていた。

「自分は憎まれても嫌われてもいい。10年後にわかってくれれば、それでいい」と、自分自身にいい聞かせながら、あえて厳しく部員たちに接していた。

選手たちにも「俺をとことん嫌っていい。反骨精神をもて」と話していた。だが、彼らが学校を卒業してOBになってからは、それまでの対応とはうって変わって、親しみを込めて接していたのだ。

それが当たり前だと思っていたから、私はそこから一歩を踏み出すことができなかった。それがいけなかったのだ。

「自分の正しさ」を、相手に押しつけていた

実際、私もそうやって指導を受けてきたし、そういう指導のもとで成果を出していたから、これが「正しい」と思っていた。

だが今思えば、自分の指導スタイルを頑迷に貫き通していたから、私は流経大柏高校を花園優勝に導くことができなかったのだろう。

あの頃に戻って選手たちとフラットな関係をつくり、内発的動機付けによって主体性を引き出す理想的な指導をすれば、私は間違いなく日本一になれるはずだ。

ある意味で、それを阻んでいたものが、「自分の正しさ」だと私は思う。

人は誰しも、自分の価値観が正しく、自分が当たり前だと思っていることが当たり前だという信念をもっている。

私自身もそうだったが、教員はよく「それは当たり前だ」とか「それは常識だ」という言葉を口にする。でも客観的に考えれば、あなたにとっての当たり前は私の当たり前ではないし、あな

たの常識は私の常識ではない。

これは、自らの反省を込めての話だが、教員という立場にある人でさえ、他人の当たり前や常識を受け入れることは難しい、ということなのだろう。

考えてみれば、日本という島国にはダイバーシティ、多様性はこれまで存在しなかった。だから、正しさも1つ、常識も1つ、当たり前も1つという時代がずっと続いていた。

だが、正しさも、常識も、当たり前も1つではなかった。

あの頃の私は、その現実に気づかず、「自分の当たり前」「みんなの当たり前」、「自分の正しさはみんなの正しさ」だという揺るぎない確信がなければ、とてもやっていけなかったのだ。

チームには、私と同じ価値観の選手もいれば、異なる価値観をもつ選手もいる。だが私には、異なる価値観を受け入れられるだけの「器」がなかった。

だから、そこから、

「怒ったり、罰を与えたりして、無理にでも何かをさせることは相手のためなのだ、正しいことなのだ」

という誤った信念が生まれてしまった。

そして私は「これが正しい。だから、つべこべいわず、とにかくこれをやれ」と、その誤った信念にもとづく指導を行っていたのだ。

その指導にはまった選手もいれば、はまらなかった選手もいただろう。私と同じ価値観の持ち主ならとくに疑問を感じなかったかもしれないが、私と異なる価値観をもつ選手にとっては、その指導がパワハラ、強要だと映っても仕方がない。

そのときは、それが最善だと思っていたが、今振り返れば大きな間違いで、私の独りよがりにすぎなかったのだ。

私は自分の正しさ、自分の価値観を押しつけ、相手の行動を変えようとしていた。それが愛だと思ったし、真剣に叱ることが愛だと思っていた。

だが、そういう思いが、いつの頃からか伝わらなくなってきたのだ。

「選手のために」という思いが、空回りしていた

でもそれは、すべてはチームのために、そして部員たちのためにと思ってやってきたことだ。

流経大柏高校ラグビー部では毎年、卒業式の前日に卒部式を行っている。卒部式には卒業生の親御さんも招き、学校のグラウンドで卒業生と1、2年生が試合を行う。親御さんたちも、お子さんと同じジャージを着て試合に参加する。OBも卒部式に駆けつけ、卒業生だけでなく、2年生と1年生の部員たちとも試合をしてくれていた。

卒部式は、卒業生と在校生、OBに加え、親御さんが集まる唯一の機会で、総勢約200人がグラウンドを埋め尽くす。試合が終わったあとは、みんなで豚汁の炊き出しをしたり、バーベキューを楽しむのだ。

卒部式のイベントが一巡したあと、卒業生、親御さん、在校生、OBが車座になってグラウンドに座り、セレモニーを行う。

私は毎年、卒業生1人ひとりに卒業の記念品を手渡し、1人について10分ぐらいで3年間の思

い出を、みんなの前で語った。

私が監督を務めていた頃、流経大柏高校ラグビー部の部員は、各学年で平均20〜25人ぐらいいた。毎年、それだけの人数の卒業生1人ひとりについて、3年間の思い出を語るのは時間がいくらあっても足りないくらいだ。

指導者である私自身が1人ひとりにどれだけ目をかけ、真剣に向き合い、成長をサポートしてきたかが、試されるときでもある。

1人ひとりの思い出話のあとには本人へのメッセージを添え、たとえば、その部員が挫折を乗り越え成長する姿を、私がどんな思いで見守っていたかという気持ちを伝えた。

親御さんたちはとても喜んで下さった。私の思い出話をとおして、わが子の成長ぶりを改めて実感してくれたことだろう。

それも大きな励みになり、私は指導に打ち込んでいた。

話を戻すと、卒部式でOBが卒業生だけでなく、2年生、1年生とも試合をしていたことには大きな意味がある。

スポーツ競技では、レギュラーメンバーとして試合に出ている選手にスポットライトが当たるもので、それはラグビーに限らない。

だがチームには、一生懸命頑張ったにもかかわらず、レギュラーに選ばれなかった選手が数多くいる。むしろ、レギュラーとして試合に出た選手より、出られなかった選手の数のほうが多い。そして、ＯＢのなかにも、レギュラーの地位を得られなかった元部員たちが数多くいる。にもかかわらず、かつて表舞台に立つことができなかったＯＢたちも、流経大柏高校ラグビー部のことを思い、卒部式に駆けつけてくれるのだ。

だから私は、ＯＢ会の席などで、こんなことをよくいっていた。

「このなかには、花園に出た部員と出なかった部員がいる。俺にとって、本当の意味でのメダリストは、花園に出なかった部員たちだ。君たちがいなかったら今の流経はない」

試合に出られるか出られないかにかかわらず、チームのために頑張っていたＯＢたちがいたから、流経大柏高校のラグビー部がある。だからこそＯＢを大切にしたい。少なくとも、私が監督としてここにいるあいだは、それを語り継ぐ必要があると思った。

そのために、卒業生にも在校生にも、ＯＢとの試合をとおして、その心意気を受け継いでもらいたかったのだ。

試合に出ることができなかった卒業生たちは、

「僕たちは『捨て石』になります。でも、ただの『捨て石』ではありません。次に活かしてもらえるような『捨て石』になります」

と、よく話してくれていた。

心が通じ合い、脈々と受け継がれてきた、確かなものがあった。

私の例を引き合いに出すまでもなく、スポーツ指導者はそれこそ四六時中、割けるだけの時間を割いて、選手のため、チームのために頑張っている。

にもかかわらず、パワハラを起こして訴えられたり、指導者が逮捕されるケースも最近では出てきていることが、非常に残念だ。

「本人のため、チームのために、ぜひとも勝たせてやりたい」

指導者は、そんな熱い思いをもって選手たちに向き合っている。その指導の「あり方」はけっして間違ってはいない。だが、指導の「やり方」が間違っていて、その結果、お互いが不幸になっているという事実は認めなければならない。

たとえば言葉のかけ方1つをとっても、指導者としては、その言葉が愛情から出たものであっても、選手がそれを愛情だと捉えてくれるかどうかはわからない。「選手のために」という愛情から出た言葉が、選手の側から見たら威圧や強要に映ることも少なくないのだ。

そうした「ボタンのかけ違い」は、「伝わるだろう」、「わかってくれるだろう」という指導者自身の思い込みや勘違いから起きていることが多いと、いわざるを得ない。

私は、ラグビー指導の現場を離れたあと、数多くの尊敬してやまない人々との出会いや学びをとおして、「この悲しい現実を変えなければならない」と思うようになった。

「俺みたいにはなるな！」
──私の失敗を指導に活かしてほしい

私は今、流通経済大学ラグビー部のアドバイザーを務めるかたわら、講演活動をとおして自らの失敗について語り続けている。私の「しくじり」を、これからの時代をつくる指導者、リーダーの教訓として活かしてもらいたいと考えてのことだ。

かつての私のように、しくじる指導者を、これ以上出してはいけない。

「俺みたいにはなるな！」

そんな思いが、今の私を動かしている。

ラグビー部のアドバイザーとしては、選手を直接指導するのではなく、指導者の指導を主に手がけている。

たとえばコーチに対して、選手とのミーティングをどう進めていったらいいのかということを、アドバイスするのだ。

具体的には、選手に対して、

「なぜ今、ラグビーをしているのか」
「何のためにラグビーをしているのか」
「将来どんなプレーヤーになりたいのか」
「そのためにどんな課題があるのか」

といった質問をしながら、理想と現実とのギャップを本人に認識してもらう。そしてさらに、1つひとつの課題について、

「課題をクリアするには何をしたらいいのか」

と質問しながら、本人が理想と現実のギャップを埋めていく、コミュニケーションの方法など

を、コーチに指導している。

一方、最近の講演活動としては、2023年4月に、一般社団法人品川区ラグビーフットボール協会（SRU）が開催したセミナーで、「しくじり先生のスポーツ指導相談室　パワハラ指導に陥らないために」というテーマで話をさせていただいた。

また2024年1月には、公益財団法人全国高等学校体育連盟の研究部が主催した、第58回全国研究大会（鳥取大会）でも講演を行った。

同大会では、全国から集まった約400人の高校スポーツ指導者に向けて、自らの体験と、アメリカの精神科医ウイリアム・グラッサー博士が提唱した「選択理論心理学」（第3章で詳述。以下、選択理論と記載）をふまえて、パワハラはなぜ起こるのか、パワハラを防止するにはどうしたらいいのかについて、私の考えを述べた。

同年2月にも、一般社団法人盛岡青年会議所（盛岡JC）主催の異業種交流会で、若手経営者などを対象に「新たな挑戦に向けて踏み出そう！」というテーマで講演させていただいた。

このときの講演には「人生の目的が変われば人生の質が変わる」という副題をつけた。

私自身、自らの失敗によって逆境に陥り、人生の目的や目標を失った。だが、素晴らしい人たちとの出会いや上質の情報との出会いをとおして、「指導者の指導者になりたい。講演や研修をしながら、自分がしくじった経験から、多くの指導者にとって気づきや学びのヒントになることを伝えていきたい」という、人生の目的を明確にすることができた。

そして私は今、その人生の目的を具現化するために、挑戦を続けている、と話した。

私は、こうした自分の人生について、ありのままを語り、

「挑戦こそわが人生、チャレンジ、チェンジ、チャンス！」

という自分の信条を紹介して、講演をしめくくった。

私の講演を聴いて下さる皆さんの中に、1人でもいいから、勇気づけられたとか、何か心に響くものを感じたという人がいたら嬉しいと思う。

「パワーパートナー」とともに、さらに大きなチャレンジに挑む

もう1つ、私の活動の大きな柱になっているのが、一般財団法人日本プロスピーカー協会（JPSA）だ。

私はJPSAのスポーツ部会に所属し、部会長を務めさせていただいている。

JPSAとは、「人間関係」と「目標達成」をキーワードに、人々がより豊かな人生を実現できるよう、講演活動をとおして社会貢献を目指す財団法人だ。

JPSAには全国に58カ所の支部があり、選択理論と目標達成の技術である「アチーブメントテクノロジー」（第3章で解説）を学び、JPSAの認定を受けた「プロスピーカー」が647名在籍している（支部数と認定プロスピーカー数はともに2024年5月末現在）。

JPSAのプロスピーカーたちは、全員が社会の第一線で活躍する職業人でもあり、いじめや差別、虐待のない、豊かで明るい社会の実現を目指し、自らの経験と心理学に裏打ちされた講演・

教育活動を行っている。

私は2019年10月にベーシックプロスピーカーに認定されてから、これまでにリアルとオンラインをあわせて80回以上、のべ2000人以上の聴衆の皆さんに向けて講演を行ってきた。

プロスピーカーになってから、私は、「自分のようなしくじる指導者を二度と出してはいけない」という思いのもとに、「俺みたいにはなるな！」と声を上げ続けてきた。

だが、1人でやれることには限界がある。自分のようなしくじる指導者を二度と出さないための活動を、より広く、より大きく展開するためには、「パワーパートナー」の力を借りて、組織をつくる必要がある、と私は考えた。

パワーパートナーとは、私が学んだ「アチーブメントテクノロジー」の用語で、「自分の人生に明確な目的・目標をもち、その人の成功が自分の成功になる人」のことをいう。

つまり、自分と理念や志を同じくする、かけがえのない仲間がパワーパートナーだ。

ちょうどその頃、P．35で触れた「パワハラ防止法」（2019年5月成立、2020年6月に大企業で施行、2022年4月からは中小企業でも施行）の施行が間近に迫っていた。

私は、JPSAでもパワハラ予防のための啓発活動が必要だと考え、志を同じくするパワーパートナーの力を借りて、パワハラ予防委員会を立ち上げた。

その後、同委員会をスポーツ部会に再編し、私は部会長に就任した。スポーツ部会のコアメンバーは約20名で、全国各地区で活動を行っている。

スポーツ部会では、スポーツ指導界の重鎮の2人に特別顧問を務めていただいている。

その1人が、元プロ野球指導者の尾花髙夫さんだ。尾花さんは、現役時代はヤクルトスワローズで活躍し、引退後は千葉ロッテマリーンズ、ヤクルトスワローズ、福岡ダイエー（現・ソフトバンク）ホークス、読売ジャイアンツでコーチを歴任。その後、横浜ベイスターズの監督としてチームを指揮した。

もう1人の特別顧問が、WBC（ワールド・ベースボール・クラシック）日本代表チーム「侍ジャパン」元ヘッドコーチの白井一幸さん。

2023年に開催されたWBCで、「侍ジャパン」は世界一という快挙を成し遂げたが、白井さんの卓越した指導力が、チームの優勝に大きく貢献したことは記憶に新しい。

そして、副部会長を務めて下さっているのが公益財団法人日本アメリカンフットボール協会専務理事の廣田慶《けい》さん、テコンドー国際審判員資格をもち、プライベートでテコンドー道場の代表者を務めている看護師の友野壽美《すみ》さんだ。

スポーツ部会のメンバーこそ、私にとってかけがえのないパワーパートナーである。

ＪＰＳＡスポーツ部会は、「スポーツをとおした『スポーツハピネス』、ウェルビーイングを目指す」という理念のもとで、月1回の定例勉強会をベースに活動をしている。

詳しくは第5章で取り上げるが、「スポーツハピネス」は、高い競技成績と良好な人間関係を両立することを指す。ＪＰＳＡスポーツ部会では、「スポーツハピネス」を、日本のスポーツ界が目指すべき新たなカルチャーとして提唱し、その実現を目指しているのだ。

定例勉強会は主にオンラインで開催され、

・選手の主体性を引き出し、パフォーマンスを最大化させる指導法
・「高い競技成績」と「良好な人間関係」が両立する組織運営
・ファンや関係者までスポーツに携わる人を動かすリーダーシップ
・役職や立場を超えて全員が自己実現できるチームづくり

などについて学び合う。

外部からスペシャルゲストを招くことも多い。たとえば2024年2月の定例勉強会の講師は、2008年北京オリンピックと2021年東京オリンピックで金メダルを受賞した、元・女子ソ

フトボール日本代表選手の峰幸代さん。峰選手からは、2度の世界一を実現した目標達成の原理原則について、お話を伺った。

リアルのイベントも、ほぼ4カ月に1回開催している。

たとえば、2023年4月には横浜市内で白井一幸コーチを講師に迎え、300名限定のJPSAスポーツ部会設立記念講演会を開催した。

また2024年3月1日には、JPSA千葉支部と連携し、リアル・オンライン同時開催の特別コラボ勉強会も、千葉市内で実施している。

この特別勉強会は「『スポーツハピネス』を叶える　新時代のスポーツ指導の本質とは」をテーマに掲げ、私と廣田副部会長、JPSAスポーツ部会メンバーで元Jリーガー・サッカー解説者の宮沢ミシェルさんの3人で、パネルディスカッションを実施した。

先に記したとおり、「挑戦こそわが人生」である。

ところが私1人では、活動のスケールをここまで拡大することは、とてもできなかっただろう。パワーパートナーとともに歩んできたからこそ、以前は不可能だった大きなチャレンジをすることができるようになったのだ。

今、私がこうやって人生の目的を具現化するための挑戦を続けているのも、自分の人生を大きく変える出会いや学びを得たからだ。
第3章では、私が得た出会いや学びとは何だったのかについて話していきたい。

自分が相手を変えるのではない。相手が自ら気づいて変わるのだ

第3章

ラグビー強国で見た世界レベルの指導

2017年の春も終わりにさしかかったある日、私はニュージーランドのクライストチャーチ国際空港に降り立った。

ニュージーランドはラグビーの世界的な強豪で、ラグビーを国技としている。日本にとってもっとも身近な南半球の国の1つで、私もかつて訪れたことがあった。

私はニュージーランドを主な留学先に定め、約1年間におよぶ海外生活を始めた。主にニュージーランドに滞在しながら、オーストラリアとフィジーにも足を延ばした。

ニュージーランドは、2024年5月末時点でラグビーワールドランキング3位（男子）である一方、日本は12位と、実力的に大きな差がある。

教育が根本的に違うのだ。

私がもっとも長く滞在したのは、南部にあるニュージーランド第2の都市、クライストチャーチ市だ。同国で2番目に古い大学のカンタベリー大学にある語学学校に通い、同大学に勤務していた日本人教員の研究室でコーチングを学んだ。また、同市を本拠地とするプロチーム「クルセイダーズ」でもコーチングを学ばせていただいた。

加えて、現地の方にコーディネートと同行を依頼し、市内の学校約20校を訪れて関係者にインタビューを行い、各校の教育システムを勉強させていただいた。

オーストラリアには約3カ月間滞在した。高校のラグビー部の監督で、セブンズ（7人制ラグビー）ナショナルチームのヘッドコーチも務めた知人の手配で、同国最古の名門校・シドニー大学の寮に宿泊し、教員・学生たちと寝食をともにした。ラグビー指導者・教員として市内の高校5校を訪れ、教育システムやコーチングを学ぶ一方、語学学校にも通って英語に磨きをかけた。

現地の教育やラグビー指導の実態を知り、私は驚いた。指導者と選手との関係がじつにフラットなのだ。彼らの練習風景を見ていても、コーチと選手、監督と選手という感じがしない。日本では、選手たちは指導者にいわれたことに対して「はい、はい」とうなずいてばかりいる。だが、向こうでは選手が必ず自分の意を述べる。「Ｙｅｓ」だけではけっして終わらない。

文化の違いも大きいが、相手の年齢にかかわらず、会話が対等なのだ。

また日本のように、選手がコーチや監督の顔色を窺いながら練習をすることがない。1人ひとりが自分のやるべきことに集中し、練習に没頭している姿が印象的だった。

選手が主体的、自発的に練習に取り組んでいるのだ。

だから「やらされ感」がなく、2時間なら2時間、文字通り死に物狂いになってオールアウト、つまり全力を尽くす。

やらされ感がないから、練習をサボろうとする選手もいない。長時間ダラダラと練習することがなく、オンとオフの切り替えが、じつにうまい。

加えて、チームになあなあの雰囲気がなく、選手同士がお互いに競争意識をもちながら練習をしている。日本のチームでは、よい意味でも悪い意味でもお互いが「仲良く」ふるまっている。それが悪い方向に出てしまい、同調圧力が高まったときに、いじめが生じるのではないかと私は思った。

もう1つ、彼らの練習ぶりを見ていて、非常に興味深いことがあった。

繰り返しになるが、日本のチームにくらべて、ニュージーランドやオーストラリアのチームの練習時間は非常に短い。彼らは、2時間の練習を週3回ぐらいしかしていない。にもかかわらず、両国のラグビー・ナショナルチームの実力は世界トップレベルで、これまでニュージーランドはワールドカップで3回、オーストラリアは2回の優勝経験をもっている。

2012年の就任以来、4年間でラグビー日本代表チームを世界で戦えるレベルに引き上げたといわれるエディ・ジョーンズ氏が、2024年1月に日本代表ヘッドコーチにカムバックした。

彼は、日本代表チームのメンバーを「地獄の練習」で鍛え上げたことで知られる。練習に集中を欠き、オールアウトしなかった選手には、すぐに帰るようにと厳しくいった。これは私見だが、オーストラリア人と日系人とのハーフである彼は、日本人の気質がよくわかっていたのだと思う。ニュージーランドやオーストラリアの選手たちは、わき目も振らずに集中し、練習メニューをこなしていた。

日本では、1つの競技をずっとやり続けるのがよいとされている。ところが向こうでは、最終的に1つの競技に絞るとしても、高校ぐらいまでは2つや3つの競技を経験するのが普通だ。

ニュージーランドでもオーストラリアでも、選手たちはメインシーズンはラグビーに打ち込み、オフシーズンはタッチラグビーやクリケット、ソフトボール、サッカーなどの他の競技をしていた。「オールブラックス」(ラグビー・ニュージーランド代表チームの愛称)にもボート競技やクリケットといった他の競技で、ナショナルチームの代表選手として活躍している人たちがいた。

これは、最近注目されている「コーディネーション能力」を高めるうえでも非常に合理的なやり方だ。

おおまかにいえば、コーディネーション能力とは運動神経のこと。視覚や聴覚、平衡感覚などをとおして得られるさまざまな情報を適切に処理し、身体の動きや力の加減を調整する能力を指す。

コーディネーション能力には、たとえばリズム感を養いタイミングをつかむ力（リズム能力）、状況の変化に応じて動きをスピーディーに切り替える力（変換能力）などがあり、コーディネーション能力の向上はアスリートの運動能力を大きく高める。

とくに、神経系が急速に発達する幼児期から成長期にかけて、コーディネーション能力を高めておくことで、将来より大きな成長が期待できる。だから、中学生の頃までは1つに絞らず、さまざまな競技を経験してもらうべきだというのが私の意見だ。

早期からさまざまな競技を経験し、コーディネーション能力を高めた選手が成長を遂げ、トップクラスになる頃には、彼らは卓越した運動能力を身につけているはずだ。

ところが日本では、選手たちは幼少期から、同じ競技をずっとやり続けている。

この差は大きい。

保健体育教師としての経験からしても、たとえばサッカー選手は、上半身の動きがぎこちないことが案外多い。授業で野球をやらせても、ボールをうまく投げることができないということも珍しくない。

ところがニュージーランドやオーストラリアでは、サッカー選手に野球をやらせても非常にうまい、ということが普通にあった。

結局、環境が人を育てるのだと私は思う。米大リーグ・ドジャースに所属している大谷翔平選手を筆頭に、優秀な日本人選手が海外に行って花開くのも、それと大きな関係があるのだろう。

目的意識の差がパフォーマンスの差を生んでいる

私がニュージーランドやオーストラリアのラグビー指導の現場で見たことのなかで、もっとも印象的だったのは、1つひとつのドリル(訓練、基本練習)に目的があることだ。

たとえばコーチは、選手たちが練習に取りかかる前に、こう話す。

「この練習にはこんな目的があり、目指すゴール（目標）はこういうことだ。目標を達成するためのキーワードはこれ、これ、これ。この3つのキーワードをしっかり頭に入れていこう。レッツゴー！」

何のためにこの練習をするのかという目的と、ゴールを、選手にきちんと伝えているのだ。彼らは漫然と練習をするのではなく、指導者も選手も目的を明確にしたうえで練習に取りかかる。目的が明確だから、ゴールセッティングもしっかりしたものになる。

たとえばキャッチアンドパスなら、ハンズアップをしながらボールを自分から取りに行き、まっすぐに走りながら、自分の後ろを走るチームメイトの一歩前にボールが届くようにきちんとパスを出すことに練習の目的がある。

そこで目指すゴール、すなわち達成すべき目標はハンズアップ、ストレートに走ること、しっかりパスをすることというように、3つのキーワードを挙げるのだ。

ハンズアップをしてボールをキャッチするための準備態勢をつくる、身体が流れないようにストレートに走る、パスは味方を見て行うというのは、いずれもラグビーの基本事項だ。

この3つのキーワードを選手に伝え、3分なら3分、選手たちがオールアウトしたところで「OK、フィニッシュ」となる。

彼らの練習は目的もゴールセッティングも明確で、達成すべきゴールがキーワードとしてわかりやすく設定されている。練習のプログラムがしっかり組まれていて、彼らのコーチングレベルは非常に高いと感じた。

それから、これは日本では見られないことだが、彼らの練習にはやり直しがない。3分間の練習の中で、しっかり動作ができなければ、それは個人の責任となる。あとは自分で練習し、遅れを取り戻すしかない。日本のように、全員ができるようになるまで反復練習することはなく、次の練習に移る。連帯責任という発想はない。

そもそも日本人は、自分が所属する集団を中心にものを考える傾向が強い。個人と集団の関係について、日本人が集団の中の個人という捉え方をするのとは逆に、彼らは個人があっての集団だという捉え方をする。

チームのなかで1人ひとりを大事にしているのか、個人を「駒」と捉えているのかということの差は大きい。

ラグビーのチームプレー精神を象徴する言葉として、「One for all, All for one」という言葉がよく引用される。日本語では「1人はみんなのために、みんなは1人のために」と訳されるが、私は留学先で、「1人はみんなのために、みんなは1つの目的のために」という意味だと教わった。

つまり、みんなで1つの目的をはたすために、1人ひとりが最善を尽くすことが大切だということなのだ。むしろ、そう考えたほうが、納得がいくと私は思った。

私は第2章で、「内発的動機付けによって選手の主体性を引き出し、本人が自ら考えて判断し行動できるようになってもらうことが、スポーツ指導の目的だ」と述べた。それはこのように、ニュージーランドやオーストラリアでラグビーの練習に主体的に取り組む生徒や学生の姿を見て、大いに気づかされるものがあったからだ。

彼らにとって、自ら主体的に考えて判断し、行動を起こすことは、ごく当たり前のことなのだ。もっとさかのぼれば、主体性は、選手自身が「自分はなぜ、何のため、誰のためにラグビーをしているのか」という、目的がはっきりしているからこそ生まれるものだ。

私はニュージーランドやオーストラリアの選手の動きを一目見て、「彼らは、日本の選手とはアウトプットのレベルが違う」と感じたが、その実力の差は、目的意識の差だといってもいいのかもしれない。

私を大きく変えた「選択理論」

このように、約1年間の留学のなかで数多くの気づきを得て、私は日本に帰国した。

日本に戻って間もなく、私は流通経済大学ラグビー部のクラブハウスに顔を出した。そのときちょうど、学生向けのあるセミナーが行われていた。

「何をやっているのだろう」と思ってふと見ると、机の上に「戦略的目標達成プログラム『頂点への道』講座」というセミナーの資料が置いてあった。

流経大ラグビー部のOBが、人材教育コンサルティング会社のアチーブメント株式会社が主催する同セミナーを受講し、「これはいい、ぜひ学生たちにも受けてもらいたい」と推薦したそうだ。

私のかつての教え子でもある当時の監督が、同社上席トレーナーの大高弘之さんにセミナーを依頼したということだった。

私は、『頂点への道』講座の資料を見て衝撃を受けた。

同講座は、目標達成の技術の体得や指導力の開発を目的に、これまで32年以上にわたって開催され続け、6万人以上が受講しているという。「良好な人間関係と高業績を実現する理想のマネジメントを体得する」、「身近な人と良好な人間関係を築くコミュニケーション力を身につける」、などの内容に興味を引かれた。

「自分の求めているものがここにある」、と私は直感した。

当時の監督に紹介してもらい、大高トレーナーに会って話を聞いたあと、私はすぐに青木仁志・同社代表取締役会長兼社長が担当する無料講座を受講した。

青木先生の言葉は、とても私の心に響くものだった。

「成功は技術です。技術だからこそ、誰でも身につけることができ、誰でも成功することができる。人はいつからでも、どこからでもよくなれる」

と青木先生は話したあと、人生の目的を設定することの大切さについて触れた。

人生の目的とは、「私は何のために生きるのか」という自分自身の存在理由であり、生きる意味といってもいいものだ。

目的が定まれば、それを実現するために目標を設定する段階に移る。目標とは目的をはたすために設定するものであり、目標を達成するためにはしっかりした計画を立て、実行することが必要だ。このように、自分が生きる目的を考え、導き出すことから、戦略をもって目標を達成するための技術が「アチーブメントテクノロジー」だと、青木先生は話していた。

もう1つ、『頂点への道』講座の大きな柱になっているのが、先にも触れた選択理論という心理学だ。

従来の心理学では、人間の行動は、外部からの刺激に反応することで起こると考える。だが選択理論では、私たちは脳によって知覚した情報をもとに、そのときの自分にとって最善と思われる行動を選択し、実行しているという考え方をする。

そこで選択理論では、怒鳴ったり罰を与えたり、褒美を与えて相手を変えようとするのではなく、相手をあるがままに受け入れながら、内発的に気づくことを支援し、その結果として自らの意志で行動を変えることを選択してもらう、というアプローチを取る。

こうした「内発的動機付け」をベースに、良好な人間関係を築くコミュニケーション力を身につけていくための心理学が選択理論だ。選択理論はカウンセリング領域から学校領域、マネジメント領域、生活領域まで、幅広い分野で応用されている。

私は、選択理論の提唱者であるウイリアム・グラッサー博士のこんな言葉の中に、一筋の希望の光を見出した。

「人は確かに過去の産物ではあるが、自ら選択しない限り、けっして過去の犠牲者になることはない」

「過去と他人は変えられない。変えられるのは自分の思考と行為だけである」

そうだ。すべては自分の選択なのだ。自分は変えようのない過去にとらわれ、他人を変えようとしていた。過去の出来事や他人にされたことを恨んでも、未来に向かって進むことはできない。

自分は過去の産物であり、よいことも悪いことも、すべてが今の自分だ。

ならば、過去の犠牲者になるのではなく。過去の経験を活かして自分の人生をどうプラスに変えていくのかを考えなければいけない。

私は、人生の目的を明確にし、自分の生き方や価値観の土台となる「人生理念」をつくりあげていくことで、これからの自分が進むべき方向が見えてくるのではないかと思うようになった。

そんななか、私は第2章に記したJPSA認定プロスピーカーという資格があることを知り、アチーブメントの講座で学び、プロスピーカーになることを自分の目標に定めた。

プロスピーカーになることで、自分の人生に大きな変化や気づきが得られるのではないかと思ったからだ。

プロスピーカーを1つの通過点として、その先の景色を見てみたいと私は感じた。

その頃の私には、人生の目的はおろか、目標もなかったからだ。

「プロスピーカーになり、そこから見える景色の中に身を置くことで、自分は大きく変われるのではないか」という期待感を、私は抱いた。

藁にもすがるような思いだった。

「これに賭けよう」

私はそこから新たな一歩を踏み出した。

私の指導は「外的コントロール」そのものだった

選択理論と「アチーブメントテクノロジー」に出会ったことで、私が今までやってきたことと、ニュージーランドやオーストラリアでの体験が紐付いたと思う。

私がニュージーランドやオーストラリアで見た指導者と選手たちのフラットな関係性、選手たちが主体的に練習に取り組む姿、1つひとつのドリルにきちんと目的が設定された練習メニュー。

そして私の「しくじり」。

それらを選択理論の枠組みで捉え直し、ロジカルに「答え合わせ」をしていくなかで、私は新たな気づきを得ることができた。

今思えば、私が海外留学をしたあとアチーブメントに出会い、新たな気づきを得たことで、自分の人生の目的が明確になったということは必然だったのかもしれない。

指導者と選手の関係性についても、選択理論で捉え直すことで理解が深まり、関係性の改善に役立つアプローチも学ぶことができた。

たとえば、選択理論の基本的な考え方に「外的コントロール」、「内的コントロール」というものがある。

おおまかにいえば、「怒鳴ったり罰を与えたり、褒美を与えて相手を変えようとすること」が外的コントロールだ。

外的コントロールを使って相手を動かそうとする人は、たとえばこんな信念をもっている。

「私は、人がしたくないことでも、自分がさせたいと思うことをその人にさせることができる。そして他の人も、私が考え、行為し、感じることをコントロールできる」

「私の言うとおりのことをしない人をばかにし、脅し、罰を与える、あるいは言うことを聞く人に褒美を与えることは、正しいことであり、私の道義的な責任である」（ともにウイリアム・グラッサー著　柿谷正期訳『グラッサー博士の選択理論』〈アチーブメント出版〉）

選択理論を学び、外的コントロールについて知ったとき、私は「これは、以前の自分のことをいわれているのではないか」と思い知らされた。

結局のところ、私は自分の正しさ、自分の価値観を押しつけ、外的コントロールによって相手の行動を変えようとしていたのだ。

一方、内的コントロールとは「私たちの行動は内側から動機付けられる」という考え方をいい、先に触れた内発的動機付けと同じ意味で使われる。

私は内的コントロールについて説明するとき、「主体性」という言葉をつけ加えるようにしている。

内発的動機付けによって行動するということは、誰かにいわれてではなく、自らの意志で主体的に行動することだ。自分が好きなことを一生懸命やるのがその典型で、自分の好きなことをやることは、自らの願望にもとづく行動だ。

「それをやりたい」、「自分はこうなりたい」という熱い思い、すなわち強い願望が動機となって、主体的な行動が起こっているわけだ。

そこからさらに、自分は「何のために」、「なぜ」それをやるのかと考えを深めていくなかで、その行動が明確な目的をともなうものになっていく。

こうしたプロセスを経て、内発的動機付け、すなわち内的コントロールに願望、目的が紐付いていくのだ。

いい換えれば、目的の前に願望がある。ということは、内的コントロールでもっとも重要なポイントになるものは、願望の明確化だということになる。

自分の願望を明確化し、人生の目的や人生理念を構築するための手法を「セルフカウンセリング」というが、詳しくは第5章で説明したい。

「自分軸」と「他人軸」

理解を深めるために、少し見方を変えよう。

主体的な行動は、内発的動機付けによって起こる。だが、他人の目や評価を気にした行動は、他人との比較によるもので、自ら考え判断した結果起こるものではない。ある意味で、「外部からの刺激に反応することで起こる」行動だといえる。

他人との比較は「水平比較」ともいわれる。たとえば「みんなはこれができるのに、自分にはできない」というのがそれで、その典型が偏差値だ。

これに対し、以前の自分と今の自分を比較することを「垂直比較」という。幼少期から親が水平比較ではなく垂直比較で子どもを育てることで、「心の知能指数」といわれるEQ（Emotional Intelligence Quotient）が向上すると考えられている。

垂直比較はいわば「自分軸」による評価で、水平比較は「他人軸」による評価ともいえる。だとすれば、垂直比較は内発的動機付け（内的コントロール）と関連し、水平比較は「外部からの刺激に反応することで起こる」という意味で、外的コントロールと重なり合う部分が大きい。

ここで読者の皆さんに、「ウサギとカメ」の昔話を思い起こしてもらいたい。

足の速いウサギが足の遅いカメと競争した。ウサギは自信過剰のあまり居眠りをしたために、足は遅いが着実に進み続けたカメに負けてしまった、という話だ。

これを自分軸と他人軸の視点で見てみると、ウサギは他人軸、カメは自分軸によって行動したということになる。

ウサギは、水平比較で自分はカメに勝っていると考え、驕りが生じて居眠りをした。つまり、ウサギが評価の対象にしていたのは他者であるカメだ。他者に気を取られ、自分が到達すべきゴールをしっかり見ていなかったともいえる。

一方、カメが評価の対象にしていたのは以前の自分だ。ペースは遅いがずっと歩み続けているので、現在の自分は過去よりも着実に進歩している。他者に気を取られることなく、ゴールだけを見て進んでいた、といっていいだろう。

ここで私が強調したいのは、他者との比較ではなく自分軸で行動すること、そして自分自身のゴールセッティングをきちんと行うことがいかに大事かということだ。

実際、自分軸で行動する人は、他人の評価や世間の評価をあまり気にしない。大谷翔平選手は、周囲から何をいわれても、自分のルーティンを守り続けている。

これこそ、自分軸の行動だ。

内発的動機付けから生じる主体性にもとづき、自ら考え判断し行動しているからこそ、目的から逆算して目標を設定し、計画を立て、日々やるべきことをやっている。だから、誰に何をいわれても気にしない。行動がきわめて自分軸なのだ。

日本では、こういう人は変わり者扱いされてしまうかもしれないが、私自身の留学の経験からしても、海外ではそれがむしろ普通のことだ。

さらに話を進めると、自分軸と他人軸の話は、利己と利他の関係にも大きく関わってくると、私は考える。

大切なのは自分軸と他人軸とのバランス、そして利己と利他のバランスだ。

「利他」という言葉は「自分を犠牲にしても他人の利益を図ること」として使われているが、仏教的には「自己の善行の功徳によって他者を救済すること」(ともに『大辞林』)という意味がある。自分が悟りを開くために修行すること(自利)と、他の人々の救済のために尽くすこと(利他)を両立して初めて、大乗仏教が理想とする悟りの境地に達するというわけだ。

自利とは自分の利益のことであり、利己とは自分の利益をはかることだ。「自利利他」ともいう言葉もあるように、利己と利他はほんらいワンセットになっているもので、そのバランスが重要なのだ。

つまり、利己も利他も行きすぎてはいけないということだ。

たとえば、親は子どもに対して「あなたのためにこれだけやってあげているのに、なぜ応えてくれないの?」といういい方をしてしまいがちだ。

ここでスポーツ指導者の皆さんには、自分が「これだけ厳しくしているのは、君たちのためだ。四の五のいわずにとにかくやって、結果を出すんだ!」といういい方をしていないか、ぜひ振り返ってみていただきたい。

「あなたのため」、「君たちのため」という思いが強すぎるあまり、かつて私がしくじったように、「自分の正しさ」を押しつけて相手を外的コントロールの被害者にし、自分が加害者になってしまうことさえあるのだ。

私自身としては「選手たちのために」という思いでしたことだった。でも今振り返れば、外的コントロールによって「自分がさせたいと思うことをその人にさせる」ことで得られる精神的な報酬、見返りのようなものを得ようとしていたのかもしれない。

自分自身が人生理念や人生の目的をしっかり定め、心を高めなければ、他人の心を満たすことはできないということが、私が過去の失敗から得た大きな教訓だ。

もう1つ、私自身が教訓にしていることがある。

それは、徳川家康の遺訓として今に伝わる「東照公《とうしょうこう》御《ご》遺《い》訓《くん》」に記されている、

「勝事《かつこと》ばかり知《しり》てまくることをしらざれば害《がい》其《そ》の身にいたる　おのれを責《せめ》て人をせむるな　及《およ》ばざるは過《すぎ》たるよりまされり」

という言葉だ。

現代語訳すれば、「勝つことを知っていても、負けることを知らなければ、その弊害はわが身にふりかかる。反省すべきは自らの行いであり、他人を責めてはいけない。やりすぎるよりは、むしろ足りないほうがよいものだ」という意味になるだろう。

他人を責めず、つねに自分の行動を振り返る。そして、人との関わりにおいて、外的コントロールを一切使わない。

これが、私が今、自分自身に課している戒めだ。

パワハラを引き起こしかねない「致命的な7つの習慣」、「身につけたい7つの習慣」

選択理論のなかで、私がスポーツ指導者にぜひ知っていただきたいと思うことがある。それは

致命的な7つの習慣と思いやりを示す7つの習慣

人間関係破壊の原則	人間関係構築の原則
致命的な7つの習慣 （力の原理）外的コントロール理論	**思いやりを示す7つの習慣** （愛の原理）内的コントロール理論
□1. 批判する	□1. 傾聴する
□2. 責める	□2. 支援する
□3. 文句を言う	□3. 励ます
□4. ガミガミ言う	□4. 尊敬する
□5. 脅す	□5. 信頼する
□6. 罰する	□6. 受容する
□7. 目先の褒美で釣る	□7. 意見の違いについて交渉する

出典： ウイリアム・グラッサー『警告! あなたの精神の健康を損なうおそれがありますので精神科には注意しましょう』（アチーブメント出版、2004年）

「致命的な7つの習慣」と「身につけたい7つの習慣」だ。

「致命的な「脅す」7つの習慣」とは、「批判する」、「責める」、「文句を言う」、「ガミガミ言う」、「脅す」、「罰する」、「目先の褒美で釣る」ことで、「人間関係破壊の原則」ともいわれる。

いずれも外的コントロールによって相手を変えようとする誤った態度から出た行動で、人間関係を確実に破壊に導くものだ。「致命的な7つの習慣」を使わないだけでも、人間関係はかなり改善する。

読者の皆さんも、普段の相手との関わり方のなかに、こうした要素がないかを振り返ってみてほしい。

その際、1つ注意したいのは、この「致命的な

7つの習慣」にもとづいた行動であっても、それがパワハラになる場合とならない場合があることだ。

第2章でも述べたように、同じ行為や言葉であっても、それがパワハラだと感じる人もいるし、感じない人もいる。こうした個人の捉え方の違いのほかに、同章で説明したとおり「パワーハラスメント防止指針」に記されている3つの定義をすべて満たさなければパワハラとはみなされないことも、理解しておきたい。

ほかにも、文部科学省は「スポーツ指導における暴力等に関する処分基準ガイドライン（私案）」を公開しており、日本スポーツ協会では、同協会公認の「スポーツ指導者処分基準」を設けている。

一方、「身につけたい習慣」とは、人間関係構築の原則といってもいいものだ。「傾聴する」、「支援する」、「励ます」、「尊敬する」、「信頼する」、「受容する」、「意見の違いについて交渉する」ことは、内的コントロール（内発的動機付け）にもとづいた行動で、相手との良好な関係を築くための基本になる。

かつての自分を振り返ってみて感じるのだが、自分の言動が「致命的な7つの習慣」に陥らないようにするために、もっとも大切なものは、指導者が自分の思いを素直に相手に伝えることだと思う。

たとえば「君たちに頑張ってほしいんだ」とはっきりいえばいいのに、「お前たちは何をやっているんだ」という話し方をしてしまうことが少なくない。その結果、「身につけたい7つの習慣」の1つである「励ます」ことが、叱咤になってしまうのだ。

叱咤激励とはいうものの、指導者本人は激励のつもりでも、選手にしてみれば、それは叱咤としか思えない。

かつての日本では叱咤激励が普通だったかもしれないが、そんな時代はとっくに終わっている。叱咤は叱咤であり、激励は激励だと切り分けて考えなければならない。

叱咤は相手の心を閉ざし、「意見の違いについて交渉する」ことも不可能にする。

スポーツ指導の現場でも、企業の部下指導の現場でも同じだと思うが、相手が心を閉ざしてしまっては、指導者が相手にフィードバックを行うことすらできない。

かつての叱咤激励がまったく通じなくなった今、あらゆる分野や業種業界で若手を指導する立場にある人たちが、どんな指導を行ったらいいのかと悩んでいる。そこに「パワハラ防止法」の施行も加わり、自分の指導がパワハラだといわれることを恐れて、若手に向き合うことを避けようとする指導者もいる。

相手と良好な人間関係を構築するために努力をするどころか、若手に迎合する指導者さえ出てくるようになってしまった。

指導者は指導する相手に適切なフィードバックを行うために、事実やいうべきことはきちんといわなければならない。

だが、かつての私を含めて、そのやり方が間違っているのだ。

問題の根本は話し方、伝え方にある。それについては第4章で改めて触れることにしたい。

こうした間違い、問題は、私たちがいまだに外的コントロールを捨てられないことにある。そもそも私たちは、人間は世の中のすべてのことをコントロールできるわけではなく、コントロールできないものがあることを理解しなければならないのだ。

選択理論では、自分にコントロールできることとできないことを、次のように整理している。

・コントロールできること：自分の考え、自分の行動、自分の発言
・コントロールできないこと：他人の考え、他人の行動、他人の発言、過去に起きたこと、景気などの環境
・立場や場合によっては変えられること（一般的には変えにくいこと）：会社のルール、配属

これらは、まったく当たり前のことであるはずだ。しかし、その当たり前のことがおろそかになり、自分にはコントロールできないことをコントロールしようとして、私たちはいまだに過ちを繰り返している。

変えられないものは変えられないという現実を受け入れ、外的コントロールを手放す必要がある。そして、自分が相手を変えるのではなく、相手が自ら気づいて変わることを支援するのだ。

そのためのアプローチの方法が、「身につけたい7つの習慣」ということになる。

次節で、「身につけたい7つの習慣」を実践するためのポイントについて、解説を加えていく。

良好な人間関係の構築は「傾聴」することから始まる

先に紹介した「身につけたい7つの習慣」は「傾聴する」ことから始まっている。「支援する」、「励ます」、「尊敬する」、「信頼する」、「受容する」、「意見の違いを交渉する」ということも、まず傾聴することが入口になる。

「聴」という漢字の成り立ちをみると、まず、聞くことや聴覚に関する「耳（みみへん）」が部首になっている。詳細は省略するが、「聴」のつくりは「直」と同系の言葉で、「まっすぐな心」を意味する。

そこに「耳」が加わることで、「聴」は「まっすぐ耳を傾ける」というコアイメージをもつようになったそうだ。

「聴」という漢字が「まっすぐ耳を傾けて聞き取る」という意味で使われるようになったのは、このためだ。〈加納喜光『漢字語源語義辞典』〈東京堂出版〉〉

なお、「直」という漢字のなかには「目」が入っている。そこから、「隠れたものを見ようと、まっすぐに視線を当てる情景」を連想させるようになり、「直」は「まっすぐで曲がっていない」という意味をもつようになった。

こうした漢字の成り立ちに学び、相手の話にきちんと耳を傾け、まっすぐに視線を当てて、アイコンタクトをしながら相手の様子をよく観察する。そして、相手の心を斟酌《しんしゅく》しながら洞察するという心構えをもって、傾聴することが大切ではないかと私は思う。

傾聴するためには受容し、受容するためにはその心構えとして、「支援する」、「励ます」、「尊敬する」、「信頼する」ことが必要だ。

では受容とは何かといえば、相手の長所も短所も、まずは受け入れるということだ。

相手のあるがままの姿を受け入れ、傾聴し、その人となりを理解しなければならない。その際、「自分の正しさ」は、相手の人となりを理解することの邪魔をする。

私たちは「価値のフィルター」をとおして世の中を見ている。そこから見えるものが、真実であるとは限らない。

だから私たちは、いったん「自分の正しさ」を手放し、すべてを受け入れる必要があるのだ。

順序が多少前後するが、傾聴し相手を受容したあと、支援し励ますうえで、「尊敬する」、「信頼する」という姿勢が大切だ。相手をリスペクトする姿勢と信頼関係がベースになければ、支援も励ますこともできないし、結果的に「意見の違いについて交渉する」ことも不可能になる。

この「尊敬する」と「信頼する」のうち、理解しにくいのが尊敬だろう。指導する側が、指導される側を「尊敬する」とはどういうことか。

私は、尊敬、リスペクトとはシンプルに、相手を1人の人間として見ること、そして思いやりの心をもって相手に接し、大切にすることだと考える。

もっと具体的にいえば、「この選手、生徒の成長のために、できる限りのことをしたい」という純粋な思い。これが相手に対するリスペクトであり、愛なのだと思う。

これも、私が選択理論を学んで得た気づきの1つだ。

「内発的動機付け」の効果──私たちは「教えすぎ」ていた

外的コントロールと内的コントロール、そして「致命的な7つの習慣」、「身につけたい7つの習慣」を理解することは、内発的動機付けにもとづく指導を実践していくための「一丁目一番地」だといってもいいだろう。

ここで、選択理論を指導に採り入れた結果、得られた成果について話しておきたい。

もちろん、私自身が選手を直接指導したのではない。私がアドバイザーとしてコーチを指導し、

「身につけたい7つの習慣」をチームづくりや普段の練習に活かしてもらった結果、得られた成果だ。

私がアチーブメントの講座で選択理論を学んでいた頃、茨城県で「いきいき茨城ゆめ国体」（2019年）が開催された。

流通経済大学の龍ケ崎キャンパスが茨城県龍ケ崎市にある関係で、私が茨城県のラグビー少年男子（15人制）チームのアドバイザーに任命されたのだ。

そこで「身につけたい7つの習慣」を採り入れた指導をした結果、練習や試合のところどころに、選手たちが教わったこと以外のプレーや、私たちの想像を超えるようなプレーが見られるようになった。

おそらく選手たちは意識していなかったと思う。だが、彼らが主体的、内発的に練習に取り組むようになったことで、創造性が発揮され始めたという感触を、私たちは得た。

たとえば技術面でいうと、状況判断や意思決定の部分で、それは現れていた。

テクニックは技術そのもので、スキルは技術に状況判断が加わり、刻一刻と変わる試合のシチュエーションのなかで使えるもの、という前提で話をしよう。

すると、たとえばキャッチアンドパスはスキルであり、キャッチとパスという動作はテクニックだと分類できる。

選手たちはこれまで、状況判断や意思決定について、「こんな状況ではこういう判断をし、こう行動しなさい」と教えられてきた。そこで私たちは「傾聴する」、「支援する」、「励ます」から始まる「身につけたい7つの習慣」をベースに、質問と対話による指導を行った。

具体的には、「こんな状況になったとき、君ならどうする？」と選手に考えを聞き、「私ならこう判断し、こんな行動します」と答えてもらうのだ。

質問と対話による指導はそれでは終わらない。

「なるほど、よい判断・行動だね。でも、こういう考え方もあるんじゃないか？」と、選手の答えを受容してから、重ねて質問をする。そうやって選手たちに、自ら主体的に考え判断し、行動することに慣れていってもらうのだ。

それがある意味、状況判断から意思決定、行動に至るプロセスのシミュレーションを繰り返す効果をもたらしたのだろう。

彼らは試合の中で、指導者である私たちが「ああ、そういう選択もあったなあ」とか「なるほど、こういうときにはこんなプレーも有効なのか」と、驚くような動きを見せるようになっていった。

私たちは、選手にそういうことを教えていない。質問と対話を繰り返してきただけなのだ。

そんな彼らの成長ぶりを見て、指導者にとって大事なものは、教えることではなく、選手たちが気づきを得られるように導くことだと、私たちは逆に気づかされた。

相手が気づきを得られるように導くことを、青木先生は「啓育」といっていた。

英語の「educate（教育する）」という言葉自体が、語源をさかのぼると「（人を）外へ連れて行く、連れ出す」ことを意味するラテン語から派生してきたものだ。

改めて、自分は選手たちを気づきに導くことが、どれだけできていたのか。「教える」ことで満足していなかったかと、大いに反省させられた。

私たち指導者は、むしろ「教えすぎ」ていて、選手たちの主体性や創造性をおさえつけてきたのかもしれない。

結局、かつての私は指導力不足から、「教える」ことや「やらせる」ことが指導であって、それが最善のことだという信念を、ずっともち続けていたのだ。

「変わる勇気」が指導者に必要だ

指導者が変わらなければ選手たちは変わらない。学校でも教師が変わらなければ生徒たちは変わらず、家庭でも親が変わらなければ、子どもたちは変わらない。

結局、われわれ大人が変化しなければ、チームも学校も家庭もよくならないのだ。

だからこそ、私たち指導者には、変わる勇気が必要だ。

新しいことを始める勇気、前例のないことにチャレンジする勇気。そして覚悟を、むしろ指導者こそ、もたなければならない。

だが私たちは、「これはこういうものだ」、「これが最善だ」とずっと信じてきたことを、なかなか捨てられないものだ。外的コントロールには、簡単で短期的に効果を上げることができるという利点もあるから、なおさらそれを手放すことができないでいるわけだ。

■「外的コントロール」を手放せない理由

①使う側にとって楽だから
②（短期的にではあるが）効果があるから
③すぐに結果がほしいから
④自分のやり方を変えたくないから
⑤他のやり方を知らないから

変化することを求められているのに、変わることを恐れる気持ちもあるだろう。だが、そもそも私たちは、これまでのやり方で成果を出してきて、今がある。だから「自分たちには変わる必要があるのだろうか」といいたくなるのも理解できるのだ。

実際、青木先生は講座のなかで、

「衝撃的な出来事、もしくは上質な情報との出会いによってしか、人は変わらない」

と話していた。

私の場合は明らかに前者だ。第1章で述べたとおり、パワハラ問題で監督を辞任してから、私は2年間、目の前には何も見えない暗黒のなかにいた。目的も目標もないまま、進むことも退くこともできず、ただ立ち尽くす自分がいた。

私がラグビーと出会い、ラグビーを生活の一部として過ごしてきた30年間より、あの3年間のほうがずっと長いと感じたほどだ。

そんなとき、私は1冊の本に出会った。

それは、バリー・オライリー著、中竹竜二監訳、山内あゆ子訳の『アンラーン戦略――「過去の成功」を手放すことでありえないほどの力を引き出す』(ダイヤモンド社)という書籍だ。「アンラーン(unlearn)」とは「忘れる、(知識・先入観・習慣などを)捨て去る」(『英辞郎』)という意味だ。

「心地よい場所から一歩踏み出すためには、勇気が必要で、痛みをともなう。それでも、いったん境界線を越えれば、これまで気づかなかった偉大な学びが押し寄せてくるはずだ」(監修者まえがき)

という同書の言葉に、私は大いに励まされた。

1つの事実に対する解釈が無数にあるように、真実も人の数だけある。その意味で、自分の「正しさ」も自分にとっての「当たり前」も、解釈の1つにすぎないということは、認めなければいけない。

だからまずは、自分の価値観や、今までの経験がすべて正しいという信念を「アンラーン」することが重要だ。そこから、自分はこれから選手1人ひとりの成長に、どう向き合い、自分の人生理念や人生の目的を、どう実現していくのかという、「偉大な学び」が始まるのだ。

失敗も成功も、原点は「挑戦」にある

「成功と失敗の共通点は、どんなことだと思いますか?」

私は最近、講演のなかで、聴衆の皆さんにこんな質問をしている。

成功と失敗に共通しているもの、それは挑戦だ。

挑戦はある意味、冒険である。うまくいくかどうかわからない、結果はやってみなければわからないということを、「本当にやってみよう」と行動を起こすことが冒険だ。

行動には結果がついてくる。失敗か成功か、そのどちらかだ。


自分には、その結果を受け入れる勇気や覚悟はあるだろうか——。


私が逆境を乗り越え、「プロスピーカーを1つの通過点として、その先の景色を見てみたい」と考え、新たな一歩を踏み出そうとしたときには、不安もあった。

そのとき、私の背中を押してくれたものが、「鷹の選択」として広く流布しているエピソードだった。

そのストーリーは、1羽の鷹が、これから先の人生を生きるには、変化しなければならないことを悟るところから始まる。

鷹は長生きできる鳥としてよく知られています。
鷹は最長70年生きるといわれていますが、
このように長生きするためには、約40年が過ぎたときに
ある重要な選択をしなければなりません。

鷹は約40歳になると爪が弱くなり、
獲物がうまく獲れなくなります。
くちばしも長く曲がり胸をつくようになります。
羽も重くなり徐々に飛べなくなります。

ここで鷹は2つの「選択」を迫られます。
今までの自分にしがみつき死ぬのを待つか、
それとも新しい自分へと変化して、
新たな人生を切り拓くのか。

「変化」の道を選んだ鷹は、
その後とても苦しい作業にチャレンジします。
まずくちばしを岩で叩き壊し、なくします。
そうすると、新しいくちばしが出てきます。
その新しいくちばしで爪を1つずつ剥ぎ取り、
新しい爪が生えてくると、次は羽を1本ずつ抜きます。
こうして鷹は、古い自分を脱ぎ捨て、
新しい姿に生まれ変わり、
残り30年の人生を「鷹」として全うします。

変化とは、大きな痛みをともなうものだと改めて思う。それでもあえて、変化することを選択したのは、私も同じだ。

流経大柏高校ラグビー部をゼロから立ち上げ、流経大とともに全国に名だたるラグビー強豪校に育て、高校日本代表監督も務めさせていただいた。

しかし体罰問題で監督を辞任し、私が体罰をふるった部員はもちろん、他の部員や学校、関係者の皆さん、そしてラグビー界、家族にも多大な迷惑をかけた。

今まで積み上げてきたものがすべて壊れ、なくなってしまった喪失感は、はかりしれないものだった。

そこから「変わろう」という決断をするのだから、並大抵の勇気と覚悟では成功はおぼつかない。だから、大きな痛みをともなう変化に向けて、あえて進まなければならなかった。

それは、鷹が自分のくちばしを岩に叩きつけて壊し、生え替わったくちばしで爪や羽根を1本1本抜くような、痛みをともなう変化だ。

私は講演で、この「鷹の選択」のエピソードを動画とともに紹介し、「チャレンジ、チェンジ、チャンス」という自分の信条を紹介して、講演をしめくくっている。

人はけっして強くはない。弱いから、易きに流れて挫折することもある。だから勇気と覚悟、信念をしっかりもって、自分自身の土台を築き上げていく必要がある。

それは「自分を信じる」こと、「I believe in myself」だ。

自分自身を信じ切り、これから人生を切り拓いていくための、確たる基盤になるものを確立しなければならない。

選択理論を学ぶなかで、私がもっとも大きな気づきを得たのは、まさにそのことだった。

第4章

「自ら考え判断し、行動できる人材」をどう育てるか

勝ち続けるチームづくりのポイント

私がラグビー部の創設に関わり、初代監督を務めさせていただいた流経大柏高校は、いまや全国有数のラグビー強豪校として知られる存在になっている。

２０２３年12月27日から２０２４年1月7日まで開催された第１０３回全国高校ラグビー大会でもベスト8に入り、花園出場記録を29大会連続31回に伸ばした。

私の監督在任期間中に、流経大柏高校は20大会連続22回の花園出場をはたしている。その経験と選択理論からの学びをとおして、私は「勝ち続けるチーム」をつくるためのポイントは、「目的の明確化」、「目標設定」、「プランニング」にあると考えるようになった。

まず、花園に出場することは、チームの目標であって、目的ではないことに注意する必要がある。目標の上位にあるものが目的で、目標を達成するその先に、目的の実現が見えてくるのだ。

たとえば、「社会人として立派に通用する人材の育成」といったものが、私たちがチームの活動をとおして実現を目指す目的になる。その目的を実現するために目標を設定し、目標を達成するためにプランニングを行って計画を立て、日々の実践に落とし込むという流れになる。

なかでも重要なのは、目的の明確化だ。目的と目標はよく混同されるので、次節で理解を深めていくことにしたい。

また、勝ち続けるチームをつくるためには、選手1人ひとりの能力を、最大限に引き出すことが欠かせない。私は、選手1人ひとりのなかにある願望を引き出し、主体的に取り組めるような指導を行うことを重視し、流経大ラグビー部のチームアドバイザーとして、指導者の指導を行っている。

スポーツ指導なのに、なぜ選手個人の願望に焦点を当てるのか。

それは、「願望は強く、意志は弱い」ものであるからだ。

私たちはさまざまな願望をもっている。願望とは、「自分はこれを手に入れたい」、「自分はこうなりたい」、「こんなことを実現したい」と、私たちが思っているものだ。その願望が強いものであればあるほど、自分の意志だけではなかなか変えられない思考や行動も、願望の力を使って、自ら主体的にコントロールできるようになる。

その意味で、目的の明確化と同様に、願望の明確化も重要だ。願望を明確化するための具体的な方法として「セルフカウンセリング」というものがある。これについては、私自身がセルフカウンセリングをとおして自分の願望をどう明確化し、人生の目的や人生理念、人生ビジョンを確立していったのかを、第5章（P．171）で解説する。

以上をふまえ、私が実際に、指導者にどんなことを指導しているのかについて触れておこう。

ラグビーでもサッカーでも何でもいいのだが、まず導入として、自分たちがその競技を行う目的、「なぜ、何のため、誰のためにやるのか」ということを、ミーティングでしっかり話し合い、共有する。

次に、チームの理念を確認・共有したうえで、チームのゴールセッティング（目標設定）を行う。それと並行し、選手1人ひとりが人生理念（自分の人生の土台として、もっとも大切にしている価値観や信条）を確立し、人生の目的を明確化したうえで、個人のゴールセッティングをする。そして、両者を統合（P．122を参照）する作業をしてから、練習計画を立てて（プランニング）、日々の練習に入るのだ。

言葉だけではわかりにくいと思うので、図解を交えて解説していこう。

このように、理念から目的の明確化、目標設定、計画化、日々の実践へと落とし込んでいくために使われるツールが、「アチーブメントピラミッド」だ。

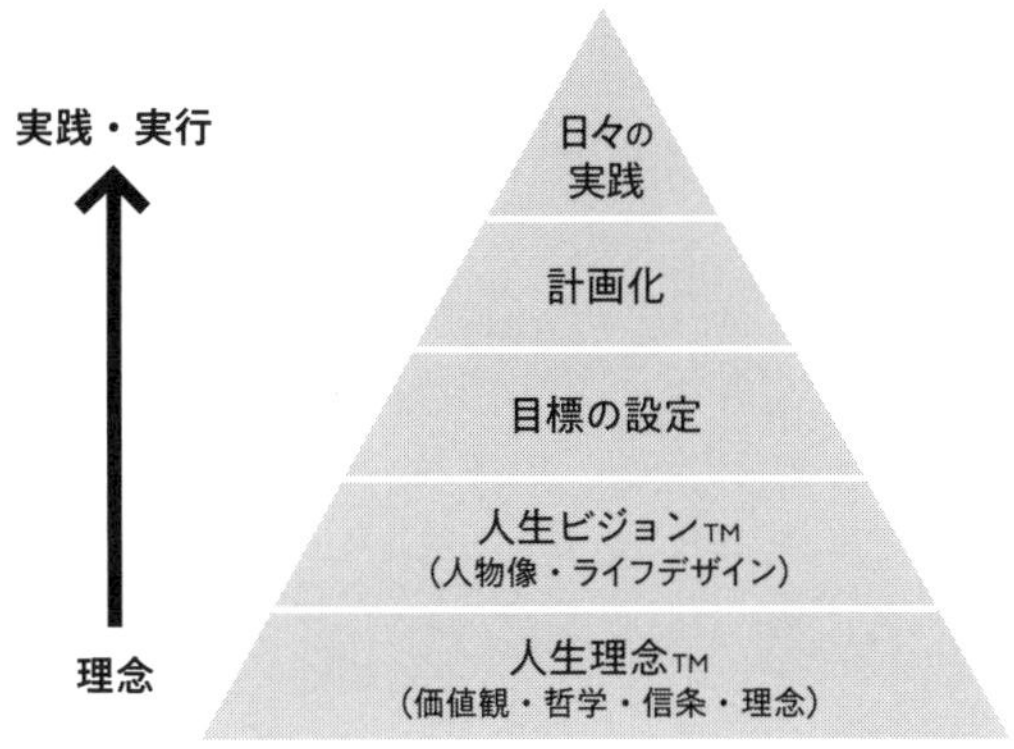

ここでは理念から目的の明確化、目標設定、計画化、日々の実践まで一貫性をとおしたチーム運営のあり方をイメージしていただくために、「アチーブメントピラミッド」の図解を添えることにする。

「アチーブメントピラミッド」は人生理念、人生ビジョン、目標の設定、計画化、日々の実践という5つの要素から成り立っている。

このなかで、人生ビジョンとは「自分はどんな人間になりたいのか」という理想像のことだ。人生理念と人生ビジョンを合わせたものが人生の目的になる。

このピラミッドにしたがい、次の①〜⑤のステップに沿って、理念から実践・実行まで一貫性をとおした行動を繰り返していくのだ。

①人生の土台となる価値観である人生理念を固める
②その上に構築するビジョンや将来のあるべき姿を明確にする
③目的を遂げるための目標を設定する
④目標を達成するための計画を立てる
⑤日々の実践に落とし込み、行動する

個人の「アチーブメントピラミッド」と同様に、会社・組織の「アチーブメントピラミッド」というものもある（P．121の図解参照）。

ここでは適宜上、図解の「会社・組織」を「チーム」と読み替え、「経営理念・経営方針」を「チーム理念・運営方針」、「経営ビジョン」と「運営ビジョン」、「事業戦略」を「チーム戦略」と読み替えながら解説していくことにする。

チームの「アチーブメントピラミッド」は、チームの存在理由（チームの理念や運営方針）、チームのビジョン（運営ビジョン）、チームの目標の設定、計画化（チーム戦略）、日々の実践という要素から成り立っている。

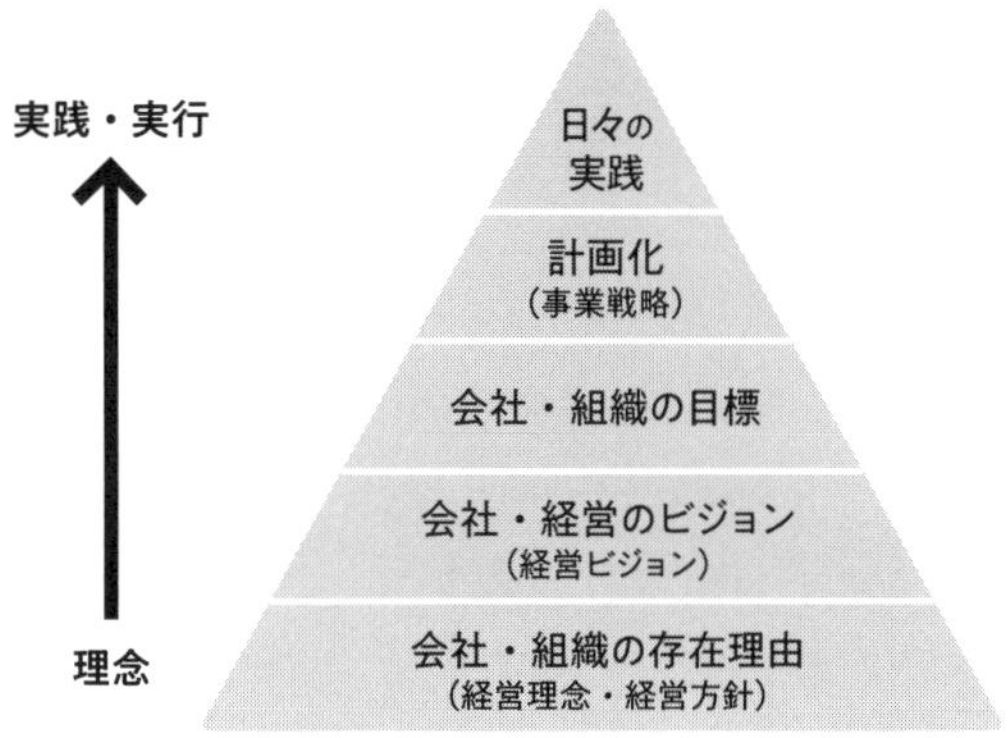

理念→ビジョン→目標設定→計画化→日々の実践という流れは、個人の「アチーブメントピラミッド」と変わらない。

チームの理念にもとづきチームのビジョンを明確化し、チームの目標を設定する。そして、その目標を達成するためのプランニング（計画化）を行い、日々の練習を実践していくという流れになる。

チームづくりとチーム運営の大きなポイントは、この個人の「アチーブメントピラミッド」とチームの「アチーブメントピラミッド」を統合することにある（P.122の図解参照）。

個人の「アチーブメントピラミッド」とチームの「アチーブメントピラミッド」を統合するというのは、こんなイメージだ。

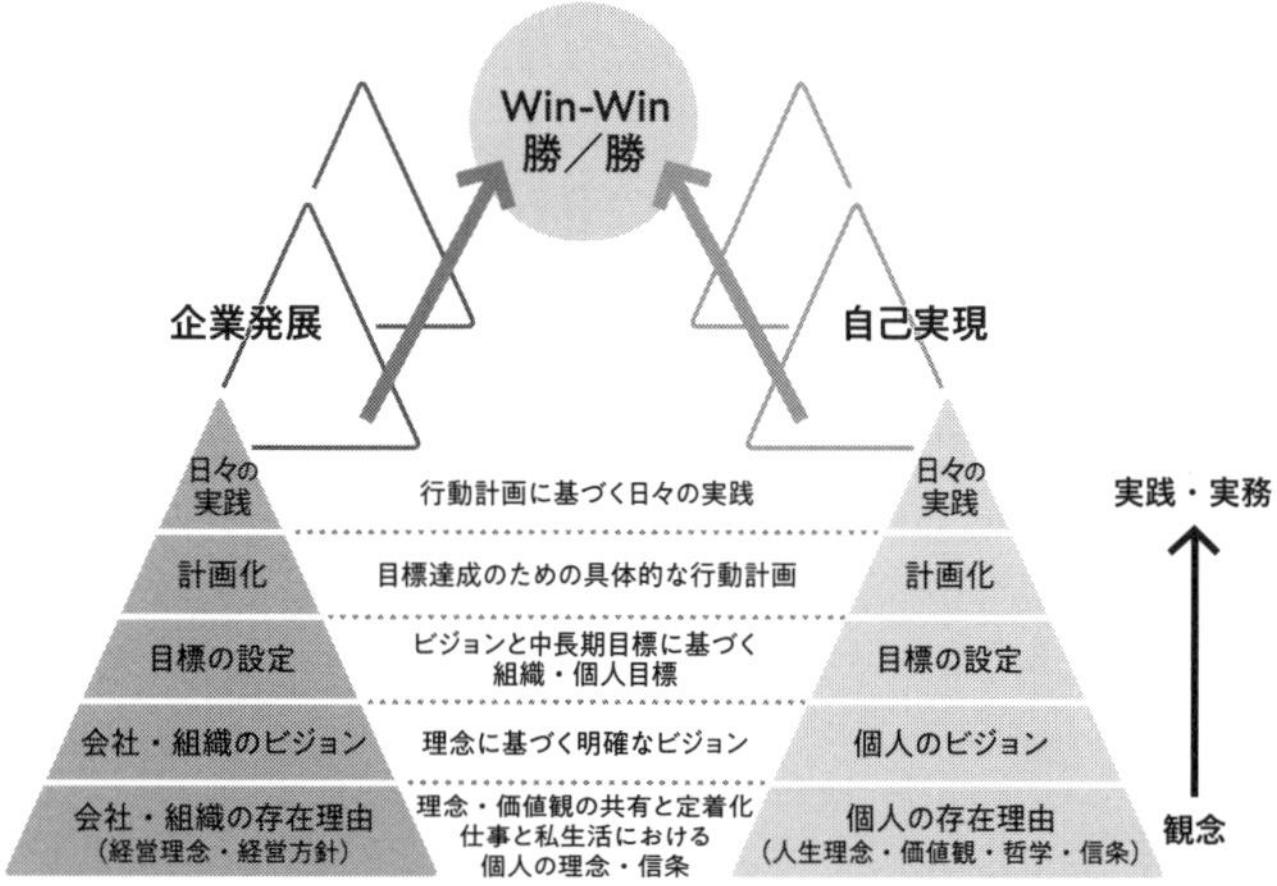

図解を見ていただくと、まず2つのピラミッドの土台の部分（チームの存在理由と個人の存在理由）が、「理念・価値観の共有と定着化」によって統合されている。その上位にあるチームのビジョンと個人のビジョン、そして目標、計画、日々の実践についても、2つのピラミッドの統合が取れている。

なかでも、チームの存在理由（チーム理念や運営方針）と個人の存在理由（人生理念、価値観、哲学、信念）、そしてチームのビジョンと個人のビジョンの統合は、個人とチームとの関係性を決定づける重要なポイントになる。

これらの統合が取れていると、部員にとってチームが自己実現の舞台になる。部員がチームでスポーツ競技をすることをとおして成長し、目標達成することで、個人のビジョン（人生ビジョン）の実現に近づくことができるようになるのだ。

一方、そうやって部員が成長し、目標達成をする結果、チームの実力も向上し、発展していくという好循環が生まれる。

つまり、チームと個人がＷｉｎ-Ｗｉｎの関係になるということだ。

こうしたチームと個人のＷｉｎ-Ｗｉｎの関係も、もとをたどるとチーム理念と人生理念、チームのビジョンと個人のビジョンのマッチングに行き着くことになる。とくに、人生理念は個人の価値観や哲学、信条を反映したものだから、これがチームの理念とうまくマッチングするかどうかが、大きなポイントになる。だから、部員のリクルーティングを行うときには、チーム理念をしっかり説明し、理念に共感してくれる人材を仲間に迎える必要がある。

新しく仲間になった部員がチームの理念に共感できない、価値観も異なるという、お互いにとって不幸な状況になることは避けなければならない。

目的と目標を混同していないか？

次に、目的と目標をどう区別したらいいのかについて述べたい。

目的と目標の違いを理解するには、スクウェア・エニックスのロールプレイングゲーム『ドラゴンクエスト』を思い浮かべてもらえばいいと思う。シリーズの原点である初代『ドラゴンクエスト』でいえば、伝説の勇者ロトの血を引く主人公が竜王を倒すことが、ゲームの目的だろうか？

ゲームの舞台であるアレフガルドの世界に平和をもたらすことが、本当の目的であり、竜王を倒すことは、その目的を遂げるために達成しなければならない目標だ。

ゲームのストーリー設定上、戦うしかないから仕方ないが、ひょっとしたら竜王と戦わなくても、世界平和を実現する方法があるかもしれない。

だが現実には、目的と目標を取り違え、「目標を達成すること」が「目的を遂げること」だと勘違いしている人が少なくないのだ。

その典型が大学受験だと思う。有名校合格、東大合格をゴールに設定し、努力が実っていざ合格したとたん、前に進むエネルギーが失われ、バーンアウト（燃え尽き）してしまうケースが跡を絶たない。

そもそも、大学進学は人生の通過点にすぎないのに、大学に合格することがいつの間にか自己目的化してしまうのだ。

ほんらい大学進学は、自分が将来よりよい人生を送るため、あるいは自分が将来実現したい夢を叶えるための手段の1つであり、そのために達成すべき目標であるはずだ。

ゴールとは目標であり、目的とは異なる。「なぜ、何のためにその大学に入るのか」という目的の掘り下げがしっかりできていない。

つまり、目的が明確化されていないのだ。

そもそも大学入学の先にある、「大学での学びをとおして自分は何をしたいのか」、「自分は将来どんな人間になりたいのか」という、人生のデザインが抜け落ちている。

今、いわゆるリカレント教育に注目が集まっている。学校教育を終えたあとの学び直しはもちろん大事だが、その前に、大学教育や大学入試のあり方、受験指導や進路指導のあり方を見直す必要があると思う。

子どもたちは、試験でよい成績を取ることに一生懸命になるあまり、自分自身を振り返ることが、おろそかになっているのだ。


「自分にとって一番大切なものは何か？」

「自分にとって一番大切な人は誰か？」

「自分にとって一番大切な価値観は何か？」


といった自分自身への問いかけが足りない。

だから「自分はこれをやりたい」、「自分は将来こんな人間になりたい」という願望を明確化することができないでいるのだ。

願望の明確化について、詳細は第5章に譲るが、たとえば、「自分は将来こんな人間になりたい」という願望は、憧れと重なり合う部分が大きい。

たとえば、大谷翔平選手に憧れる野球少年は多いだろう。だが多くの子どもたちは、大谷選手に憧れるところで終わってしまう。

憧れを憧れで終わらせず、「憧れをものにしたい」と思う人が、大きな成長を遂げるのだ。

憧れの対象を自分の「ライバル」にしてもいいだろう。大谷選手でも、自分が今しているスポーツのトッププレーヤーでもいい。その「ライバル」に追いつくことを自分の目標にする。これがゴールセッティングになる。

目標が定まったら、今度は目標を達成するための計画を立てる。まず、いつまでに自分はこうなると決め、期限を区切る。

夢や願望に日付を入れれば、目標になるということだ。

ここまでが「思考のプランニング」で、次に「行動のプランニング」に移る。目標を達成するために、どんなことを、いつまでに、どれだけやるのかという、具体的な行動計画を立てるのだ。

そして今度は、その行動計画を日々実践していくのだが、この段階でコーチングの役割が重要になってくる。相手に質問をしながら気づきを促し、導いていくのがコーチングの手法だが、具体的にどんなやり取りをするのかについては、P．143を参照していただきたい。

指導の「あり方」は間違っていない。だが「やり方」は変える必要がある

私は第3章に、指導者は変わる勇気と覚悟をもたなければならないと書いた。でも私は、指導の「あり方」までを変える必要はないと考えている。

指導の「あり方」とは、「この選手、この生徒の成長のために、できる限りのことをしたい」という純粋な思いをもって、1人ひとりの成長を支援する姿勢だ。

指導を受ける相手に対するリスペクトや愛情をもって接することは、指導者にとって欠くことのできない「あり方」だ。

ところが、その気持ちを素直に伝えようとせず、かつて自分たちがそうやって指導されてきたように、「君はここがよくない、それでは駄目だ」という否定的な話し方をしてしまいがちだ。

これでは、あまりにも伝え方が悪い。伝え方を変える必要がある。

変えなければならない点はほかにもある。

第3章に記したように、ニュージーランドやオーストラリアのラグビー指導者たちは、今日の練習、1つひとつのドリルに目的、目標、目標達成のためのキーワードを設定していた。「何のためにこの練習やドリルをやるのか」、そして「それらがどう紐付くのか」ということを、選手たちにしっかり理解してもらったうえで練習を行っていた。

一方、自分たちがこれまでやってきたとおりの練習を、「四の五のいわずにやれ」という昔ながらの指導との差はあまりにも大きい。

結局のところ、「考える」ことを怠っているのだ。

「何のために、なぜこの練習をするのか」
「この練習にはどんな意味があるのか」
「この練習をとおして、自分はどんな課題を克服しなければならないのか」

ということを、「脳疲労」が起きるぐらい考え抜いて、練習を行うスタイルに転換する必要がある。そうでなければ、世界で戦える人材が育たない。

でも私自身、かつては選手たちに、「身体は疲れても脳は疲れない」ような練習をさせていた。

「習うより慣れろ」という意識があった。

では、どんな「やり方」に変えたらいいのか。

まず指導者が、きちんとストーリーが設定された練習プログラムをつくることだ。

たとえていうと、登山のルートとゴールをしっかり示すのだ。

「今日はこのルートでこの山に登り、頂上を目指す」という道筋とゴールがはっきりしていなければ、選手たちはどうやって、どこを目指して山に登ったらいいのかがわからない。

だからまずゴールセッティングをきちんと行い、ゴールに到達するまでのルートを示す。そして、そのルートのなかに、ドリルを1つひとつ配置していく。そうすることで、「私たちはこのルートをたどり、ドリルを1つひとつクリアしながら、山の頂上を目指す」というストーリーを示すことができる。

そこでポイントになるのが逆算思考だ。

今日の練習のゴールは、じつは1カ月後、さらには3カ月後、1年後、3年後に到達すべきゴールにつながっている。

だから3年後のゴールから逆算して1年後のゴールを設定し、1年後に到達すべきゴールから逆算して、3カ月後のゴールを設定することになる。当然のことながら、今日の練習のゴールも、3カ月後なら3カ月後に到達すべきゴールから逆算して設定しなければならない。

そして、今日の練習メニューも、3カ月後のゴールから逆算して設定されていて、3カ月後の練習メニューも1年後のゴールから逆算して設定されているというように、プランニングも未来のゴールからの逆算によって行われなければならない。

ひとくちにゴールセッティングやプランニングといっても、非常に緻密で、脳を酷使する作業なのだ。

このように、自分たちが3年後、1年後、3カ月後に目指すゴールからの逆算でつくられた練習メニューを日々実践していくなかで、Plan（計画）→Do（実行）→Check（測定・評価）→Action（対策・改善）の「PDCAサイクル」を回しながら、つねに改善を続けていくのだ。

「自分の器」を拡張しなければ、受容・傾聴もできない

これは私自身の反省を込めてだが、指導者はまず、相手のよいところも悪いところも受容し、傾聴する姿勢をしっかりもたなければならない。

第3章で紹介した「身につけたい7つの習慣」は「傾聴する」ことから始まっているが、相手のよいところも悪いところも受け入れる姿勢がベースにあるからこそ、傾聴も可能になるわけだ。自分の「正しさ」をいったん手放して傾聴するからこそ、指導者は自分の思い込みにとらわれない正しい判断やフィードバックが可能になる。そこでここでは、その心構えの大切さを強調する意味で、あえて受容、傾聴の順番に記す。

受容、傾聴については第3章で詳しく説明したが、それでも「受容、傾聴といわれてもピンとこない」という人がいるのではないか。

実際、スポーツ指導の現場なら選手、会社などの組織なら部下、家庭なら子どもの話を「傾聴」

するつもりが、いつのまにか説教をしていたという、苦い経験のある人は少なくないだろう。昭和の時代なら、それも通じたかもしれない。だが、いわゆるZ世代（1990年代半ばから2010年代初に生まれた世代）、さらにそのあとの世代の子どもたちは、生まれたときの環境から価値観までが大きく異なっている。

だからこそ、指導者がまず変わらなければいけないのだ。

これからは間違いなく、指導者と選手の関係性は上意下達から、よりフラットなものに変わっていく。

指導者と選手の関係性がフラットなものになればなるほど、選手たちは対等な立場で指導者に意見をいうようになってくる。

選手が自分の意見をいうことは、彼らが主体的に練習に取り組む姿勢を見せてくれていることの証しでもある。だが、かつての私は、選手たちの意見を素直に受け入れるだけの度量がなかった。

これは自分の過去の苦い経験なのだが、私がある選手に「今日はこんな練習でいこうと思う」と話したら、彼は「今の時期はこういう練習のほうがいいと思います」と意見をいったことがある。そのとき私は、「何をいっているんだ、今はこの練習だ」と、きつく叱ってしまったのだ。それ以来、その選手は二度と自分の意見をいわなくなった。

彼の話にまずは耳を傾け、「そうか、じゃあ今日は君のいうやり方でいってみよう。そのうえで練習後にディスカッションをしよう」というべきだった。

いったん彼の考えを受容し、選手に自分の考えたとおりの内容で練習してもらう。そのうえで、選手自身が提案した練習の成果、練習をしていて感じたことや気づいたことを話してもらう。そのとき、私が提示したメニューのほうがいいと選手自身が納得したら、私の練習メニューを受け入れてもらうというプロセスを踏めばよかったのだ。

指導する側に、選手の考えを尊重し受容する姿勢がなければ、内発的動機付けによって主体性を引き出すことはできない。

だから指導者は、たとえ自分に対する批判であっても受け入れる覚悟がなくてはならないのだ。批判されて怒るのは簡単なことだが、怒ってしまったらおしまいだ。

また、指導者は「これが答えだ」といいたくなっても、自ら答えを出すのを我慢し、選手が自ら気づき、答えを出すように導いていかなければならない。

そのために、ひたすら質問し、話を聞くのだ。

このように、指導者と選手との関係がフラットなものになればなるほど、指導者には選手の意見に耳を傾ける度量や「器」が、ますます求められるようになってくる。

最近知ったのだが、戦国時代や江戸時代の名将・名君たちも、家臣たちの意見に耳を傾ける度量や「器」を広げるために、修養に努めていたそうだ。

たとえば、天才軍師といわれた黒田孝高《よしたか》（官兵衛）は、人材を育てる名人としても有名だった。息子の黒田長政も、孝高とともに名君と呼ばれるリーダーに成長したが、若い頃は気性が荒く、すぐに腹を立てる性格であったようだ。

そこで孝高は長政に命じて、月に1回、「何をいわれてもけっして腹を立てない」というルールのもとで、忠臣たちと自由に意見をいい合う場を設けた。

それが「異見会《いけんかい》」で、明治維新までこの「腹立たずの会」が続けられたという。

異見会への出席者には、家老のほかに、思索が深く長政の相談相手にふさわしい者、また主君のためを思う気持ちがとりわけ強い者が数名選ばれた。

異見会は、メンバー以外の人を遠ざけて行われ、まず長政が発言し、「今夜は何を話しても恨みを残してはならない、また他言してはならない。もちろんその場で腹を立ててはならない。思いついたことを発言するのを遠慮してはならない」と、皆が誓いを立てた。

皆がその誓いを守ったので、普段ではとても話すことのできない事柄が、この場で議論されるようになった。メンバーは、長政の評判のよくないことや部下への接し方、藩政で道理に合わないことなどについて、思うところを余すことなく申し述べたという。

長政が少しでも怒る様子を見せると、メンバーが「これはどうしたことでございましょう。お怒りのようにお見受けいたします」と主君をたしなめる。すると長政が「いやいや、少しも怒っていないぞ」と表情を和らげる、という場面もあった。

意見会には、何日の夜に行うという定期的なスケジュールはなく、長政が思いついたときに「今夜は例の『腹立たずの会』をしよう、彼らを呼びなさい」といって開催されたということだ（B to Bビジネスメディア「イノベーションズアイ」連載コラム／加賀谷貢樹「明日を生き抜く知恵の言葉」第20回をもとに記載）。

やはり指導者にとって、選手から反対意見をいわれることが一番辛い。自分の指導をまっこうから否定されることもあるだろう。だが、批判や反対意見をも受け入れる「器」がなければ、指導者はとても務まらないのだ。

第3書で紹介した徳川家康の遺訓、「東照公御遺訓《とうしょうこうごいくん》」にも、

「堪忍《かんにん》は無事《ぶじ》　長久《ちょうきゅう》の基《もと》　いかりは敵とおもへ」

と記されている。

「堪忍」とは、「怒りをこらえて、他人のあやまちを許すこと。勘弁」（『日本国語大辞典』）とある。ここでは、この家康の遺訓を「怒りをこらえ、我慢すれば何事も平穏無事で、よい人間関係も長続きする。怒りは敵だと思いなさい」という意味に解釈しておこう。

Z世代の若者たちに向き合う指導者のあり方として、受容し傾聴する姿勢はきわめて重要なポイントで、指導者自身の「器の拡張」が大いに求められるところだ。

昔の人たちは「堪忍」とよくいった。指導者が怒りをこらえ、我慢することから、選手たちの主体性が育まれ、内発的に動機付けられていくのかもしれない。

「態度」、「受容」、「言葉」の3つを意識して傾聴する

以上をふまえ、実際の指導において、指導者はどう傾聴し、内発的動機付けに結びつけていったらいいのかについて、ポイントを整理しておこう。

まず、傾聴するためのポイントとしては、「態度」、「受容」、「言葉」の3つが挙げられる（図解参照）。

第1に、「態度」とはノンバーバル（非言語的）な面で相手とどう向き合うかということを指す。指導者が心すべきポイントは「うなずき」、「アイコンタクト」、そして「間を取る」ことだ。

相手の言葉にうなずきながら、アイコンタクトをしっかり取って、「自分は君の話をしっかり聞いているぞ」というメッセージを送り続ける。そして、しっかりと間を取りながら質問をして、事実を把握するために必要な事柄を聞いていく。

傾聴の方法

態度	受容	言葉
●うなずき・アイコンタクト・間を取る	●そのまま受け取る	●伝え返す
●視線・姿勢	●決めつけない	●オープンクエスチョン
	●わかったふりをしない	●アドバイスをしない

内発的動機付け

受容	事実を受け入れる
承認	捉え方変換
行動	してほしい変換
激励	背中のひと押し

相手の表情や姿勢、声色、話し方の緩急、しぐさなどを、鏡のように合わせるような気持ちで向き合うことが大切だ。

このとき「視線」、「姿勢」にはとくに注意したい。相手の目をしっかり見つめて聞き、質問をすることだ。相手の目を見ない、相手の話を途中でさえぎって自分が話し始めるのは論外で、話を聞く気がないのに質問し、聞いたふりをするなど、相手の話を真剣に聞く姿勢をもてないようでは失格だ。

第2に、受容については、相手の話をいったん「そのまま受け取る」、自分の解釈をさしはさんで「決めつけない」ことはもちろん、「わかったふりをしない」ことにも注意したい。わからないなら質問しながら、じっくり話を聞くことだ。このとき質問が詰問になってはいけない。

第3に、「言葉」について心がけたいのは、「伝え返す」ことと「オープンクエスチョン」、「アドバイスしない」ことの3つだ。

相手が話したことを聞きっぱなしにせず、「それはこういうことだね？」と聞き返し、事実を確認すること。相手にイエス、ノーで答えさせたり、選択肢を与えて答えを選ばせるクローズドクエスチョンは避けることが重要だ。指導者はオープンクエスチョンをとおして、相手に考えを自由に語ってもらうことを第1に考えるべきだ。

クローズドクエスチョンを多用することは、指導者が意図する「正解」への誘導につながりかねない。

それとも大きく関わっていることだが、指導者は「アドバイスしない」ことをとくに心がけたいものだ。対話のなかで「答え」を出すのは相手であって、指導者ではない。相手が答えにたどり着くためのサポートをすることが、指導者の役割だ。

これらをベースに、具体的にどう内発的動機付けに結びつけていくのかを、4つのプロセスにわけて解説していこう。

第1のプロセスは受容で、まずは相手の話を傾聴し、事実を受け入れる。そして事実を受容し、相手がもっているものすべてを承認したうえで、事実に対する捉え方をどうプラスに変換すればもっとよくなるのかを、質問をとおして相手に考えてもらう。これが第2のプロセスだ。

次に第3のプロセスでは、指導者が質問しながら、自分がもっとよくなるためにはどう行動すればいいのかについて、相手に気づきを促す。これがいわゆる「してほしい変換」だ。

これらのプロセスを踏んだあと、最後に「君にはできる」、「期待しているぞ」と激励の一言をかけて、背中を押すのだ。

「答え」を与えるのではなく、質問しながら答えに近づく

先に、指導者のあり方として、受容し傾聴する姿勢はきわめて重要なポイントだと書いた。

傾聴とは、たんに話を聞くことではない。相手の話をさえぎらず、最後まで語ってもらい、最

後まで話を聞くことだ。それはまた、相手の心のなかを見ながら、言葉の裏側に何があるのかを斟酌し、洞察することでもある。

相手が語る言葉の裏側に、本質があるからだ。

そもそも、相手を理解することは、相手の話を聞くことから始まると私は思う。

それが正しいか、正しくないかは関係ない。まずは、相手の考えを聞くことだ。自分の「正しさ」と相手の「正しさ」、自分の価値観と相手の価値観を比較することが、指導者の役割ではない。価値観は人それぞれだという前提に立って、まずは受け入れることからすべてがスタートする。

相手を導こうとする前に、まずは聞く。指導者があえて答えを与える必要はない。なぜなら答えは、その人のなかにあるものだからだ。

その意味で指導者にとって、相手のなかにある「答え」を引き出す質問力が重要になる。日々の練習の中で、質問をしながら選手1人ひとりを導いていくのだ。

たとえば、「今練習をしていて、どんなことが自分の課題だと思う?」と選手の現状について質問し、「1年後、どんな自分になっていたらいいと思う?」と、未来の理想像について質問をする。そのうえで「今の自分は何点だと思う?」と質問し、現状とのギャップを可視化するのだ。

そして今度は、「目標を達成するためには、どんな行動、トレーニングをしたらいいと思う?」

と、そのギャップを埋めるための質問をする。

右手が理想、左手が現実だとすれば、右手と左手のギャップを埋めるのだ。

コーチングとは答えを教えることではない。選手の気づきを促し、A地点からB地点へと導いていくことだ。コーチングとはまさに、青木先生がよくおっしゃっている「啓育」なのだ。「啓育」とは「啓《ひら》き、育てる」ということで、一人ひとりがもっている才能をいかに内発的に引き出すかというアウトプット型の人材育成のことだ。

以前の私は、選手にああしろ、こうしろといっていただけで、質問をしていなかった。質問ではなく、詰問してい（あるいは誘導）たのかもしれない。

質問しているふりをしながら詰問をして、自分が求める答えを出させようとしていたのだ。選手に質問をしたら、ときには意図しない答えも返ってくる。それに対応することができなかったらどうしようと、恐れていたのかもしれない。

これは私自身の、人間としての「器」の問題だ。

ここでポイントを1つ挙げるとすれば、「ゴールから逆算して質問する」ことが大切だ。

たとえばグラウンドにゴミが落ちていて、誰も拾わなかったとする。それを見て、すぐに「ゴミを拾いなさい」というのは簡単だ。でも私はあえて、回りくどいかもしれないが、ゴールから逆算した質問をする。

「グラウンドにゴミが落ちているのに、誰も拾っていない。これには何か理由があるのかもしれない。でも、グラウンドにゴミが落ちているのを見つけたら、進んでゴミを拾って捨てるのが、私たちが目指す行動ではなかったかな？」

たかだか部員にゴミを拾わせるために、このように回り道をするような質問をするのは面倒くさいと思うかもしれない。

でも、この面倒くささが、これからは重要になる。

とくにZ世代の子どもたちは、1つひとつの事柄について、「なぜ、何のためにそれをやるのか」という意味付けや目的がはっきりしていないと、行動を起こしてくれないからだ。

「今の若者たちは」と、いいたくなる気持ちもわからないでもない。だが自分たちも、彼らと同じぐらいの年齢の頃、同じようなことをいわれてきたではないか。

見方を変えれば、彼らは私たちが普段あまり意識してこなかったことを、改めて問い直してくれているのかもしれないのだ。

「1つひとつの行動に、どんな意味や目的があるのか。そして、ゴールは何か」ということを。

指導者や教師は、「四の五のいわずにこれをやれ」とか、ゴールもポイントも示さずに「よく考えろ」といいがちだ。ゴールもポイントも見えないから、選手たちは何を考えたらいいのかわからず、パニックに陥り、結局イエスかノーしかいえなくなってしまうのだ。

現実問題として、そういう指導が現場にまかりとおっていた。もうそんな指導は通用しないということに、1人でも多くの指導者が気づいてくれることを願うばかりだ。

「否定語」を使わず、ポジティブに励ます

第3章で、「身につけたい7つの習慣」の1つである「励ます」ことについて触れた。私はそこで、叱咤激励はもはや通用しない、叱咤と激励を区別し、指導者は自分の思いを素直に相手に伝える

べきだと書いた。

ここでは、読者の皆さんの日々の指導に役立ててもらえるように、選手を励ますうえで指導者が注意すべきポイントについて述べておきたい。

それは「否定語」を使わず、「肯定語」で励ますことだ。

日本語には、「負けるな」とか「ミスするな」といった、「な」（「〜するな」という禁止を現す終助詞）で終わる否定的な言葉が数多くある。だからなおさら指導者にとって、言葉のかけ方、言葉の使い方が非常に重要になるわけだ。

ポイントは、①ポジティブな言葉で励ますこと、②行動の結果ではなく、行動そのものにフォーカスした言葉を選んで声をかけることだ。

たとえば、負けるんじゃないぞ」、「ミスをするんじゃないぞ」ではなく「ベストを尽くそう」。また「緊張するなよ」ではなく「（緊張しているのは）本気の証拠だな」といい換える。

このように、「負けてはならない」、「ミスしてはならない」、「緊張してはならない」とネガティブになりがちな選手の気持ちを、ポジティブに変換するような声のかけ方が大切だ。

とくに、勝ち負けは行動の結果であり、そのときの運次第という面もある。だから、いくらポジティブだとはいえ、「必ず勝てよ」とか「勝ちましょう」というように、勝つことにフォーカスした声がけをするのは、選手に与えるプレッシャーが大きい。

その点、2023年3月に開催されたＷＢＣ（2023 WORLD BASEBALL CLASSIC）決勝のアメリカ戦の直前に、大谷翔平選手がチームメイトにかけた言葉は素晴らしかった。

大谷選手は、チームメイトと一緒に円陣を組んで行った「声出し」で、

「憧れるのをやめましょう。憧れてしまったら、超えられない。憧れを捨てて、勝つことだけ考えていきましょう」

と声を上げている。

憧れの存在であるアメリカチームと決勝で戦うのだから、緊張もことのほか大きかっただろう。また、試合中も憧れの気持ちを持ち続けていては、彼らを超えられない。だから今日だけは彼らへの憧れを捨てよう。９回の試合のなかで、勝つことだけを考えていこう、とチームメイトに声をかけたのだ。

大谷選手は、試合の結果には触れていない。憧れの気持ちを捨てて、勝つことだけを考えてベストを尽くすという、行動そのものに焦点を当てている。

ＷＢＣ決勝のアメリカ戦を目前に控え、誰もが緊張し、心のなかに対戦相手をリスペクトする気持ちをもっている。その事実は変わらないが、大谷選手がかけた言葉で事実に対する解釈が変わり、チームメイトのモチベーションは一気に高まったはずだ。

まさに青木先生がよくおっしゃるように、「事実は1つ、解釈は無数」ということだ。

私たちは言葉でコミュニケーションを取っている。だから、人間関係を構築するうえで、言葉がはたす役割はことのほか大きい。言葉が人間関係構築の始まりだといってもいいだろう。

もちろん言葉以外のコミュニケーションもあるが、言葉のかけ方次第で、相手との関係性は大きく変わる。

言葉には「言霊」があり、私が尊敬する実業家・思想家・講演家の中村天風先生も記しているように、「言葉は人生を左右する力がある」（中村天風『運命を拓く』〈講談社文庫〉）のだ。

第3章にも記したとおり、私自身も青木先生の

「成功は技術です。技術だからこそ、誰でも身につけることができ、誰でも成功することができる。人はいつからでも、どこからでもよくなれる」

という言葉や、ウイリアム・グラッサー博士の

「人は確かに過去の産物ではあるが、自らが選択しない限り、けっして過去の犠牲者になることはない」

「過去と他人は変えられない。変えられるのは自分の思考と行為だけである」

という言葉に救われた。

多くの人は、「事実は1つ、解釈も1つ」だと思っているかもしれないが、現実には「事実は1つ、解釈は無数」だ。それゆえ言葉のかけ方1つで、日本語特有の「否定語」で表現されがちなネガティブな事実の捉え方を、ポジティブなものに変換できる。

これから指導者は、否定語だらけの「残念トーク」はやめにして、ポジティブ語にあふれた「勇気づけトーク」で語るように心がけたいものだ（P．151の図解参照）。

この「勇気づけトーク」は、英語では「ペップトーク（pep talk）」と呼ばれるものだ。もともとアメリカで、スポーツの試合前に監督やコーチが短く、わかりやすく、ポジティブな言葉で選

手たちを激励するために行うショートスピーチを指す。

　これまで私たちは、長年指導の現場に身を置いていながら、こうした言葉のかけ方を教わる機会がほとんどなかった。

　それだけに、指導者はとくに意識して、言葉のかけ方、言葉の選び方を学んでいく必要がある。

　これからの指導者にとって、「言葉の力」を磨くことは不可欠だ。

指導を受ける側の意識を高めるように導くことも大切だ

　本書ではこれまで、私自身の失敗体験をふまえて、スポーツ指導者の意識や指導の「やり方」をどう変革していったらいいのかということについて述べてきた。

　ここで、指導を受ける側の選手たちに求められる心構えについても触れておきたい。

勇気づけトーク	残念トーク
●ポジティブ語で	●ネガティブ語で
●相手の状況を受け止め	●相手のためといいながら
●ゴールに向かった	●ゴールは無視して
●短くてわかりやすい	●延々と
●人をその気にさせる	●人のやる気をなくす
●言葉がけ	●説教、 命令

すでに記したように、指導者はチームの目的に始まり、1つひとつの練習の目的とゴールを明確化して選手たちに伝え、それを理解してもらったうえで、日々の練習を行う必要がある。

その一方で、指導を受ける側にも、「自分は何のために、なぜ指導を受けるのか」ということを、よく考えたうえで練習に取り組む姿勢が求められる。

このように指導を受ける側が、「自分は何のために、なぜ指導を受けるのか」をよく考え、理解するように導くことも、指導者に求められる大切な役割なのだ。

今、スポーツ分野でも、いわゆる「スポハラ」（スポーツ・ハラスメント）が大きな問題になっており、指導者の姿勢が厳しく問われている。

時代とともに社会の意識も大きく変化し、スポーツ指導の現場や職場をはじめ、社会のあらゆる場面でパワハラ等の被害を防止することが、まさに時代の要請になっている。

そうしたなかで、指導者は過去の指導法から決別し、選手とのフラットな関係のなかで、内発的動機付けによって選手の主体性を引き出す指導に転換することが求められている。

これが、私たちが目指すべき理想像であることは間違いない。

だが1つ、大きな懸念があることも確かだ。

人間というものは、ふとしたことで易きに流れてしまうものだからだ。

人間の意志はけっして強くない。だからこそ、私たちをよい方向に導いてくれる人が欠かせない。優れた指導者がいるのといないのでは、選手たちの将来の伸び方に天と地ほどの差がついてしまうだろう。

その意味で、選手たちは、自分の力を最大限に引き上げてくれる優れた指導者を必要としているという事実に、変わりはない。

そして、「この選手、この生徒の成長のために、できる限りのことをしたい」という純粋な思いをもって、1人ひとりの成長を支援するという指導の「あり方」も変わらない。ただ、従来の指導の「やり方」を、今の時代の要請や若者たちの気質・価値観により適したものに変えていけばいい、というだけの話なのだ。

これまで述べてきたように、これからのスポーツ指導における重要なキーワードは、「目的の明確化」ということになる。

優れた指導者のサポートを受けて、選手1人ひとりが「なぜ、何のため、誰のために、自分はこの競技をやるのか」という明確な目的をもてるようになったら、しめたものだ。彼らは多少厳しい練習メニューでも、「これは、自分の成長のためにはぜひとも必要なことだ」と納得し、自ら主体的に練習に取り組み、より高いハードルを乗り越えてくれるだろう。同じことをやるにも、しっかりした目的があるのとないのでは、雲泥の差が生じる。

この「目的の明確化」を別の言葉でいい変えれば、まさに「パーパス教育」ということになるだろう。

子どもたちが、目的を明確にしていくことをサポートする役目を負っているのは、おもに親であり、教育機関だ。学校教育であれば、テストで点数を取ることはあくまで目標であり、「目標を達成したその先に、自分は何を目指すのか」というマインドセットを、子どもたちがもてるような指導を行うことが求められている。

スポーツ指導についても、まずは目的の明確化が重要だということは、これまで述べてきたとおりだ。

選手たちが「自分は何のために、なぜ指導を受けるのか」という意識をもてるようになってもらうためにも、指導者はパーパス教育をしっかり行う必要がある。

内発的動機付けによる指導は「ぬるい」やり方か？

本章をしめくくるにあたり、選択理論をベースにした内発的動機付けにもとづく指導に対する誤解を、解いておきたい。

私は先日、あるパネルディスカッションの席で、あるスポーツ指導者からこんな質問を受けた。

「そういう『ぬるい』やり方で伸びない選手は、どうしたらいいんですか？」

私は、その質問を受けて、逆にこんな質問をした。

「あなたのクラブチームにはどんな理念がありますか？　チームに新人部員が入るとき、クラブの理念はこう、活動の目的はこうで、こんなことをチームの目標に設定している。その目標の達成に向けて、私たちはこんなプランを立て、日々こういう練習を実践しているということを、きちんと伝えていますか？

また、選手1人ひとりの人生理念や人生の目的を明確化し、チームの理念や目的とインテグレート（統合）する作業を行っていますか？」

外的コントロールを使わない、内発的動機付けによる指導が「ぬるい」と映ったのだろう。

一見「ぬるい」ように思えるかもしれないが、理念から目的、目標設定、計画化、日々の行動まで一貫性をとおしたプロセスをひたすら繰り返す、私たちの指導法はかなりシビアだと思う。

だが、こういうプロセスをきちんと踏まなければ、「選手たちは自分がなぜ、何のために、誰のためにこの競技をしているのか」という、明確な目的をもって練習に臨むことができない。

ただ競技をやって、うまくなるだけだったら、こういう一見面倒なプロセスを踏む必要はないのかもしれない。

だが、私たちの指導は、練習を重ねて高いスキルを身につけることや、勝ち負けといった結果の先にある、より大きなものを見据えたものであり、もともと目指しているものが違うのだ。

また、私たちの指導法は、選択理論を職場のマネジメントに応用した「リードマネジメント」という手法にもとづいている。本書では詳細まで立ち入らないが、リードマネジメントとは、良好な人間関係と高いパフォーマンスの両立を目指す指導法だといってよい。

人間関係を壊さないように慎重になりすぎて、甘やかしてしまうマネジメントとは根本的に異なり、ある面で選手たちに自立を求める、厳しい指導法でもある。

リードマネジメントは、内発的動機付けによって、選手たちが主体的に練習に取り組むことにより、個人とチームが高い成果を上げることを目指す。

これに対し、結果に焦点を当て、責めたり脅したりすることによって、次回以降の改善を図ろうとする「ボスマネジメント」という手法がある。

「ボスマネジメント」は、成果志向は強いが、指導する側と指導を受ける側の人間関係が破壊されるという、取り返しのつかない弊害が生じることに注意しなければならない。

だからといって、選択理論的なアプローチはけっして、甘えの許容につながるものではないということに注意が必要だ。

選択理論的なアプローチによる指導法では、怒鳴ったり罰を与えたり、褒美を与えて相手を変えようとする、外的コントロールを一切使わない。そのかわり、過去の話題に触れない、感情に焦点を当てないというルールのもとで、感情論ではなく事実をに基づき話し合いをする。

指導者は、穏やかな口調で協力的な姿勢を貫きながら、詰問にならないように配慮し、本人がどれぐらい事実を認識しているかを確認するための質問をする。そして、お互いが事実を確認し共有したところで、本人に自己評価をしてもらい、改善に向けての話し合いを実施する。

その際、指導者は相手が事実を認識し、改善に向けた話し合いをするなかで、必要なことを、事実にもとづいてきちんと伝えなければならない。当然、本人に責任の自覚をもってもらうために、指摘すべきことは指摘する必要がある。

それも、相手を問い詰めるのではなく、「あなたの成長のために必要なことだから、私はいうべきことをいいます」というように、穏やかな口調を保ちながら、内容的には厳しいこともいわなければならないのだ。

リードマネジメントとボスマネジメント

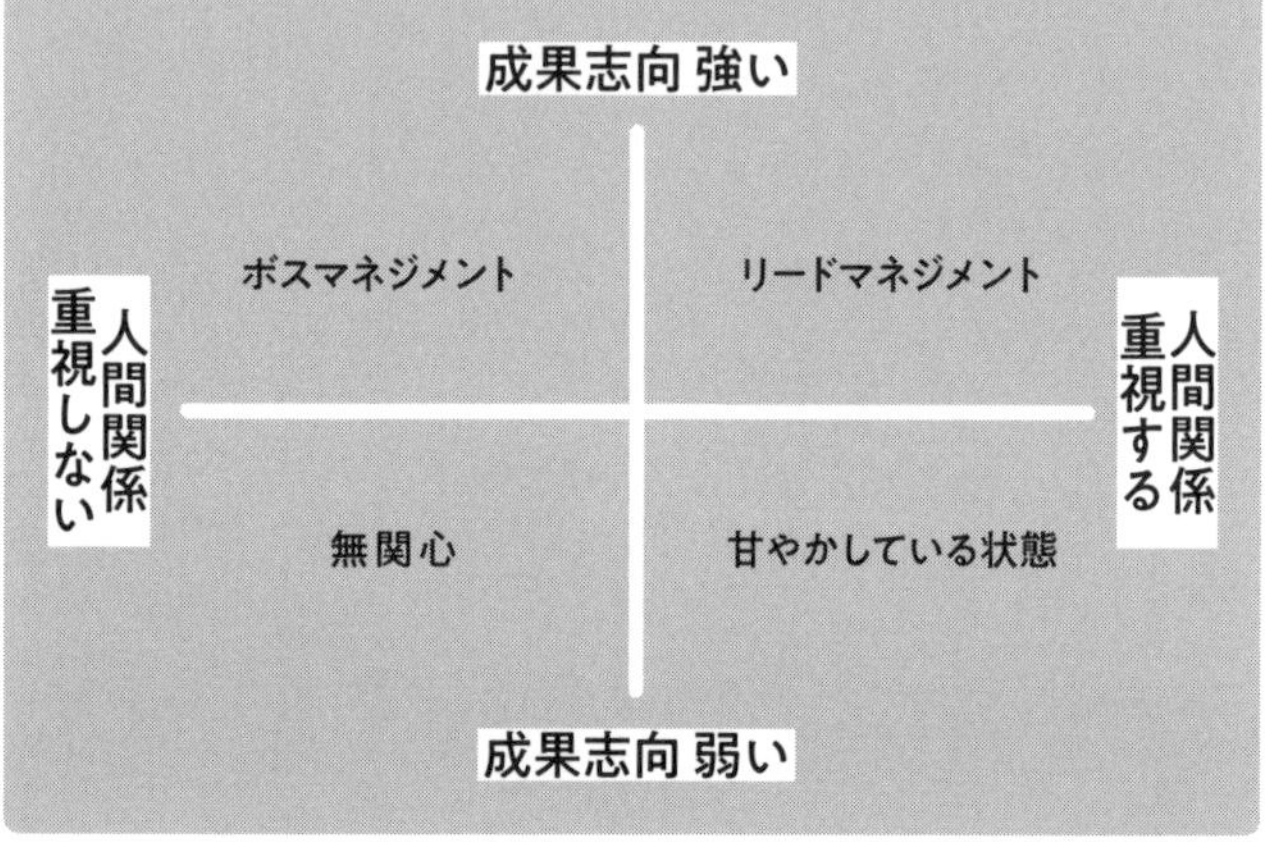

こういう選択理論的なアプローチと、「だからお前は駄目なんだ」と頭ごなしに叱るような昔ながらのやり方とでは、どちらが指導者にとって厳しいだろうか。

感情的にならないようにつねに自制し、相手の考え方を受容したうえで、適切なフィードバックをすることが求められる選択理論的なアプローチは、じつは指導者にとって非常に「しんどい」ものなのだ。

私自身の反省を込めていうのだが、こうした対話のプロセスを一切踏まず、「だからお前は駄目なんだ」と頭ごなしに叱るのは、指導者にしてみれば、非常に楽なやり方だ。怒鳴りつけ、命令することで指導者は「楽をしている」というのは、いいすぎだろうか。

相手の気づきを促すために、指導者には自分の「正しさ」や価値観をいったん手放し、相手のあるがままをすべて受容することが求められる。そのために、指導者は絶えず修養に努めて、自分の「器」を拡張し続けなければならない。

第3章に記したように、大人が変化し、挑戦し、学び続けることには大きな痛みがともなう。だが、指導者がその痛みを乗り越え、変化を遂げたその先に、自ら考え判断し、行動できる、リーダーシップを育む指導の「やり方」が、見えてくるのだと私は思う。

第5章

スポーツも仕事も「ハピネス」を目指せばうまくいく

スポーツは、人生を幸せなものにするためにある

私は第4章で、内発的動機付けによって主体性を引き出し、自ら考え判断し、行動できるリーダーシップを育む指導法とはどんなものかについて述べた。そこで、目的の明確化、パーパス教育が大きなポイントだと指摘した。

本章ではより大きな視点で、そもそもスポーツの目的とは何なのかということから考えてみたい。

そこで重要なのは、長期的な視点に立つことだ。勝つことやスキルを身につけることも大事だが、その先に、もっと大切なものがある。

「人生の目的は幸せになること」と、青木先生はよくおっしゃっていた。

事実に対する解釈が1つではないように、「幸せ」の中身も人によって大きく異なる。

自分の好きなことを仕事にすることで得られる幸せもあれば、さまざまな人と出会うことに

よって得られる幸せもある。また、縁ある人を幸せにすることで自分も幸せになるという、利他的行動によって得られる幸せもある。

同様に、スポーツをとおして得られる幸せも、非常に素晴らしいものだ。

長い目で見れば、スポーツをとおして得られる幸せとは、自分が選択した競技でスキルを高めて勝ち上がり、成功をつかむことだけに限らない。

ラグビーでもサッカーでも、野球でも何でもいいのだが、自分の好きな競技に打ち込み、さまざまなチャレンジを重ねるなかで、ときには挫折し、苦労や困難も経験するだろう。むしろスポーツ人生は、挫折や苦労、困難の繰り返しだといってもいいかもしれない。

だが、目の前にどんな困難や逆境が立ちはだかろうとも、自ら考え判断し、行動を重ねた結果、それらを乗り越えていく。そんなスポーツ人生を振り返り、「自分は幸せだった」と納得できたときに得られるものが、「スポーツハピネス」だと私は思う。

「スポーツハピネス」、それは挑戦と挫折の先にあるものだ。一時的な成功のなかにある幸せよりも、失敗と成功を繰り返す、その先に得られる幸せのほうが、ずっと大きいのではないだろうか。

その意味でスポーツは、私たちが人生を幸せなものにするための、かけがえのないツールの1つだと思う。私たちがスポーツをとおして得たものは、仕事はもちろんプライベートにいたるまで、人生のあらゆる場面に活かすことができ、大きな力を与えてくれる。

試合で勝つことや、自分のスキルを高めることももちろん大事だ。しかし、「私たちは人生を豊かなものにするためにスポーツをしているんだ」という意識が持てたら、選手1人ひとりの競技への取り組み方はもちろん、指導者の選手との接し方も変わってくるはずだ。

本章では、「スポーツハピネス」を意識した指導を実践するために、指導者が心がけていくべきことをまとめていくことにしよう。

目的と目標を両輪に、1人ひとりの可能性を引き出す

たとえば高校生の場合、ラグビーならラグビーに打ち込める時間が高校3年間、大学に進学したらその先4年間とだいたい決まっている。

しかも高校3年生で花園に出場し、日本一になることをゴールに設定したら、そこから逆算し、限られた時間のなかで目標を達成するプランを立て、日々実践しなければならない。当然のことながら短期決戦になる。

第3章で外的コントロールと内的コントロール（内発的動機付け）について述べたが、外的コントロールには、短期的に効果が期待できるという利点があることは確かだ。

しかし、外的コントロールを使うことで、指導者と選手の人間関係が破壊される可能性があり、パワハラにもなりかねない。その弊害が非常に大きいので、私たちは従来の指導法を改めなければならないというのが、私の立場だ。

また、外的コントロールに短期的な効果があるとはいっても、それが長い目で見て、選手の成長に対してどれだけプラスに働くのかという疑問がある。

というのも、日本の高校生のラグビーは、世界的に見ても高い水準にあるが、社会人になると、海外のチームのほうが格段に強くなるからだ。第3章でニュージーランドやオーストラリアの例を紹介したが、彼らは目的を明確化し、その目的を実現するために目標を設定し、練習計画を立てて実行している。彼らが高校から大学、社会人と進むにつれて実力を大きく伸ばし、世界トップレベルのプレーヤーに育つのも、目的から一貫した指導のもとで練習を積んでいるからだと考えられるのだ。

さらに、第4章で述べたように、目標とはほんらい目的を実現するための通過点であるにもかかわらず、目標を目的だと勘違いしていることの弊害も大きい。

「自分はなぜ、何のため、誰のためにスポーツをやるのか」という目的を明確化することができていないから、目標を達成したとたん、前に進むエネルギーが失われ、バーンアウトしてしまうのだ。

著名なスポーツ選手が引退後に問題行動を起こしたり、はては薬物に手を出すこともある。社会的にけっして許されないことだが、一歩間違えたら自分もそうなっていたかもしれないという意味で、とても他人事とは思えない。

人は誰しも、弱いところをもっているからだ。

選手たちは、勝つことを目指してチャレンジを重ねるなかで挫折もし、数多くの苦労や困難、葛藤を経験するものだ。それに耐え続けていくことは非常に辛い。いくら頑張っても思うようにいかないこともあれば、ある目標を達成したとたん、もしくはトップに上り詰めたとたんに、自分が進むべき道を見失うこともある。

誰もが名前を知っているトップアスリートでさえ、身を持ち崩し、問題行動を起こしてしまうのは、挫折や葛藤、進むべき道が見えないことからくる辛さや不幸感によるものだろう。

おそらく、第4章で紹介した、個人の「アチーブメントピラミッド」（P．119参照）の「目標」から上、つまり「目標の設定」→「計画化」→「日々の実践」のサイクルのなかで生きてきたのだろう。

要は、「ピラミッドの土台」をしっかり固めていなかったのだ。

トップアスリートになるからには、飛び抜けた才能があり、かつ他人には真似ができないぐらいの努力もしていたはずだ。才能だけに頼らず、自らの努力によって技術やスキルをとことんまで突き詰め、可能性を広げてきたから一流になれたのだ。

だが、問題はそのあとだ。「自分はなぜ、何のために、誰のためにスポーツをするのか」という明確な目的をもつことができていたら、自分が進むべき道を見失うこともなかっただろう。

個人がもつ可能性とは、才能と努力のかけ算によって生まれるものだと私は思う。個人が生まれつきもっている才能は有限だが、そこに努力がかけ合わさることで、可能性は限りなく広がっていく。

だからこそ、選手が目的を明確化することを支援し、1人ひとりの可能性を引き出すことができる指導者に、私はなりたいと思うし、また、そういうことができる指導者を育てていきたい。

選手1人ひとりの可能性にフォーカスし、成長をサポートできる指導者が、今必要とされているのだ。

たとえば高校ラグビーで、花園に出場し日本一になるという目標を掲げたとしよう。3年間という与えられた時間の中でゴールから逆算し、プランニングを行って計画を日々実践していくことになる。そのなかで、選手はもちろん指導者もさまざまな葛藤を経て成長し、ゴールを目指していくわけだ。

その目標に挑戦できるのは高校生だけであり、実際に目標を達成できるのは全国でただ1校に限られる。それだけ高い目標にチャレンジすること自体、教育的な意義が非常に大きい。

だが、その高い目標にプラスして、選手1人ひとりが明確な目的をもっていれば、その先にもっと可能性が広がっていくのだ。

明確な目的があれば、高い目標を1つ達成したあとも、目的の実現に向けて新たな目標を設定し、チャレンジを重ねていける。とくに海外では、目的と目標を別個のものとは考えず、「車の両輪」だと捉える傾向が強い。

最終的に、選手がスポーツとは別の道を歩むことになっても、人生の目的が明確になっていれば、自分の進むべき道を見失うことはない。実際、「オールブラックス」の愛称で知られるラグビーのニュージーランド代表チームでも、現役引退後にたとえば弁護士やパイロットとして、新たなキャリアを歩んでいる選手が数多くいる。

「セルフカウンセリング」で自己理解を深める

では、人生の目的を明確化するには具体的にどうしたらいいのか。

私たちは、他人のことはよく見えるが、自分自身のことがよく見えない。自分はよくわかっているつもりでも、じつは自分自身のことが一番わかっていない。だからまず、自己理解を深めることが必要だ。

そのための方法が「セルフカウンセリング」だ。

セルフカウンセリングとは、

1. 私は何を求めているのか？
私にとって一番大切なものは何か？

私が本当に求めているものは？
2. そのために「今」何をしているのか？
3. その行動は私の求めているものを手に入れるのに効果的か？
4. もっとよい方法を考え出し、実行してみよう

について、毎日考え続けることだ。

自分自身と対話をしながら自己理解を深め、「自分はこれをやりたい」、「自分はこうなりたい」という願望を具体的にイメージし、それを実現するにはどうしたらいいのかを、毎日考えるのだ。

目的を明確化して目標を設定する前に、自分自身のあり方を確立するために行うものがセルフカウンセリングだと、私は思う。

実際に、私自身がセルフカウンセリングをとおして、願望や人生の目的をどう明確化し、人生

理念や人生ビジョンを確立していったかを紹介したい。

私は、選択理論を学び始めてから約5カ月間、朝起きたらすぐに1から4について考え、思い浮かんだことを、大学ノートに毎日書き続けた。

五感を総動員し、自分が本当に求めているものは何かを考え続けるなかで、最初は漠然としていた思いが次第に明確になり、確信へと変わっていった。

セルフカウンセリングを始めた頃は、「今のどん底のような状況を変えたい」、「ラグビー指導者として活躍し、輝いていた頃のような自分に戻りたい」という思いが強かった。

最初は漠然と「変わりたい」、「なりたい」と思っていたが、セルフカウンセリングをしているうちに、「自分は変わる」、「自分はそうなる」といい切ることができるようになってきた。

思いついたことを書き留めるというように、アウトプットをすることで思考が整理される。自分が書き出した文章を声に出して読み返しながら、また考える。

「それはちょっと違うのではないか」、「自分は本当にそれを求めているのだろうか」と自問自答しながら、私は自分が書き出したことをどんどん掘り下げていった。

そうやって自分自身とキャッチボールをしているうちに、

「自分が目指しているものはこれだったのか」

という、はっきりしたものが見えてきた。

自分はラグビーそのものよりも、人の成長に関わることが好きだった。だから、教員をしながらラグビー部の監督を務めていたのだ。自分にとって、人の成長に関わっていくためのツールがラグビーだったということに、私は気づいた。

ラグビーをとおしてであろうがなかろうが、人の成長に関わることが私は好きなのだ。

すでに、現場で直接指導することからは距離を置いている。だから、チームのアドバイザーとして、選手1人ひとりの可能性を引き出す指導者を育てていこうと、私は思うようになった。

第3章で述べたように、私はアチーブメントで学び始めたことをきっかけに、プロスピーカーになることをすでに目標に定めていた。

プロスピーカーになるために学びを深める一方で、私はセルフカウンセリングをとおして「自分の人生の目的とは何なのか」を考えた。プロスピーカーになることは目標であり、目的ではない。「自分はプロスピーカーになって何をしたいのか」と、私はさらに考えを深めていった。

そうしたなかで、私が人生の目的に定めたのは、「講演活動や指導者研修をとおして、自分がしくじった経験から、指導者にとって気づきや学びのヒントになることを伝えていく」ことだった。そこから、「教育者、指導者、講演家として、選択理論、アチーブメントテクノロジーを通して縁ある人たちの物心両面の豊かな人生を実現できる指導者の指導者になること」という、私の人生ビジョンも明確になった。

一方、セルフカウンセリングをとおして、「愛、感謝、信念（覚悟、勇気）、挑戦」という人生理念を、私は確立していった。

まず「愛」についてだが、以前の私の指導について、「松井さんには愛がある」といってくれる人たちが少なからずいた。私自身は、これが愛だと自覚して行動したことはなかったが、周囲の人たちが愛だと感じてくれていたものが、確かにあったのだ。

その愛とはいったい何かと、私はセルフカウンセリングをとおして考えた。

人を愛し愛されたい、自分が大切にしたい人から大切にされたい、という愛もあるだろう。だが私は「この選手、生徒の成長のために、できる限りのことをしたい」という純粋な思いこそが、自分が大切にすべき愛なのだということに気づき、人生理念の中に「愛」という言葉を入れた。

私はアチーブメントでの学びやセルフカウンセリングがなかったら、「裸の王様」になっていただろう。

流経大柏高校ラグビー部をゼロから立ち上げ、同校および流経大本体を全国有数の強豪校に育て上げ、高校日本代表チームの監督にもなった。あのまま行っていたら、有頂天になり、もっと大きな失敗をしていたかもしれない。

今思うと、私は天から試練を与えられていたのだ。


「人は葛藤の海を泳ぎ続けていく。人は逆境のときに成長し、順境のときに衰退する」


青木先生の言葉が、私の心に響いた。

私の「しくじり」が招いた逆境や葛藤は、確かに私にとって非常に辛いものだった。パワハラ問題のニュースが全国に流れたとたんに、去っていった人たちもいた反面、苦しいときに支えてくれた「雨の日の友」も数多くいる。それは、私の教え子たちであり、家族や友人を始めとする身近な人たちだった。

今私は、新たな出会い、さまざまな学びをとおして上質な情報を得たお陰で、新たな人生の目的の実現に向けてスタートを切ることができている。私が人生理念に「感謝」の文字を入れたのも、素晴らしい出会いと学びを得て、逆境や葛藤を乗り越え再スタートを切ることができたことに対する、感謝の気持ちを込めてのことだ。
とはいえ、まだ私は結果を出すまでのプロセスの途中にいる。結果を出す前に挫折してしまうかもしれないし、正直いって「このまま進んでいって大丈夫なのか」という不安や恐れもある。その意味で、人生理念の3つめの「信念」のあとに、「覚悟」と「勇気」を括弧書きで加えたことには大きな意味がある。

私も大きな影響を受けたナポレオン・ヒルの名著『成功哲学』の中に、「信念」、「覚悟」、「勇気」という言葉がたびたび登場し、「退路を断つ」というフレーズにも、心を大きく動かされるものがあった。

強い信念と覚悟、勇気をもち、退路を断ってやり抜く決意がなければ、結果にたどり着くことはできない。何があってもやり抜くという決意を、私はここに込めた。

人生理念の最後の項目は「挑戦」とした。第2章に記したように、「挑戦こそわが人生」が私のモットーだ。

このように、セルフカウンセリングをとおして自己理解を深めていくなかで、人生の目的、人生ビジョン、人生理念が見えてくる。

スポーツ指導の現場でも、指導者が選手に質問をしながら、彼らが自己理解を深めるために、どう支援をしていくかが大きなポイントになっていくだろう。

自己肯定感を低下させる指導や教育は、もうやめよう

私が、自己理解を深めていくなかで、見えてきたことがもう1つある。

それは、自分を信じることと、自分の人生を肯定的に捉えることがいかに大切かということだ。

私はあるとき、「レゲエの神様」と呼ばれるジャマイカの伝説的なミュージシャン、ボブ・マーリーの、

「Love The Life You Live, Live The Life You Love」

という言葉に出会い、これを座右の銘にしている。

「自分が生きてきた人生を愛し、自分が愛する人生を生きろ」という意味だ。

私は、自分の人生を否定していた。だが、自分がこれからの人生を生きていくためには、自分自身の過ちを反省し、現場での指導に直接関わらないという十字架を背負いながらも、過去の失敗を含めて、自分の人生を肯定的に捉えなければならない。

これは、けっして過去の過ちを正当化しようとするものではない。自分がしくじった体験から、指導者にとって気づきや学びのヒントになることを伝え、自分の失敗をよい方向に活かす、ということだ。

私は、スポーツ指導の現場や教育現場、それから家庭でも、選手たちや生徒たち、子どもたちが自分自身を肯定できるような指導や教育を行う必要があると考えている。

指導者や教師、親が何の気なしに、あるいは「よかれ」と思ってかけた言葉が、選手や生徒、子どもの心を傷つけ、自己肯定感を低下させていることが、あまりにも多いのだ。

たとえば日本では、「うちの子は不出来で」と親御さんがよく口にする。だが、たとえばニュージーランドやオーストラリアでは、自分自身はもちろん子どもの短所を、他人にいうことはない。他人に伝えるのは長所だけである。

また現地の学校では、毎朝のホームルームで、生徒たちが自分をアピールする自己プレゼンを必ず行っていた。子どもの頃からの教育が違うのだ。

ここで読者の皆さんに、視力検査表に記されている「C」のマークを思い浮かべてほしい。

私たちは「C」のマークの「欠けている部分」に注目するが、海外では逆に「つながっている部分」に目を向ける。

「そこにない部分」に注目するのか、「そこにある部分」に注目するのかの違いだが、この差は大きい。

これが、スポーツ指導や学校教育、家庭教育にも深い部分でつながっているからだ。

実際、日本では選手や生徒、子どもたちに欠けているものに焦点を当てて、「ここが足りない」、「ここがよくない」といって指導や教育が行われることが多い。だが海外では、選手や生徒、子どもたちがもっているものに焦点を当てて、まず認める。つまり受容・承認することから指導や教育が始まるのだ。

人には長所と短所がある。指導者や教師、親がいきなり短所や欠点をあげつらい、「ここが足りない」、「ここがよくない」と説教を始めるからいけないのだ。

選手や生徒、子どもたちは心を閉ざし、コミュニケーションを拒絶する。自分の長所や努力が認められず、短所や欠点ばかり指摘されるから、自己概念が大きく低下してしまう。これでは、指導や教育に必要なフィードバックもできない。

だから指導者や教師、親は、まず選手や生徒、子どもたちの長所や努力を認め、「ここがいい」、「以前よりよくできるようになっている」と伝えたうえで、「もっとよくするにはどうしたらいいと思う？」と質問しなければならない。

そこで本人が考え、気づいたところで具体的なアドバイスに入っていくのが、正しい指導、コーチングのやり方だ。

私は先日、親の子どもに対する向き合い方を指導する、あるセミナーに出席した。講師の話を聴いていて、これまで自分が「よかれ」と思ってかけていた言葉が、子どもをどれだけ傷つけてきたかに気づき、泣いている母親もいた。

「これが子どものためだ」、「子どもにもっとよくなってもらいたい」という愛情が強いあまり、自分の過ちに気づくことができなかったのだろう。

この視力検査の「C」のマークの話を、相手のよいところを見つけることより、むしろ欠点を見つけることのほうがたやすい。だから私たちは、相手の長所にもっと目を向けようと努力しなければならない、という教訓にしていただければ幸いだ。

これはスポーツ現場や学校、家庭に限らない。会社を始めさまざまな組織で行われる部下指導についても、同じことがいえるはずだ。

挫折を乗り越え挑戦する「折れない心」をどう鍛えるか

本章の冒頭に記したように、目の前に立ちはだかる困難や逆境を乗り越え挑戦した結果、手にできるものがスポーツハピネスだ。

ということは、困難や逆境から立ち直る復元力を意味する「レジリエンス」を鍛えることが、選手1人ひとりがスポーツハピネスを実現するための前提になる。

私は2024年2月29日に、盛岡JCが主催する異業種交流会で「新たな挑戦に向けて踏み出そう！」と題して講演を行った。

その日の講演の主なテーマは、目的の明確化とレジリエンス、そしてチャレンジだった。

夢と志を実現しようとする人には、必ず課題や困難が立ちはだかり、試練を与えられる。自分自身もそうだった。

レジリエンスを鍛えるということは、負けや失敗から学び、気づきを得て立ち上がり、打たれ強くなることにほかならない。

スポーツに限らず、勉強でも他の自己実現でも、このレジリエンスを鍛えることが重要なのに、スポーツ指導の現場でも、学校教育や家庭教育の現場でも、レジリエンスを鍛える「心の訓練」がおろそかになっている。

レジリエンスは生まれつきの資質によるものではなく、筋肉のように鍛えることができる。レジリエンス・マッスル（逆境を乗り越え再起するための心理的筋力）といわれるのもそのためだ。

一般に、レジリエンスを鍛えることは、次の3つのステージに分けられ、

①精神的な落ち込みから抜け出し、下降を止める段階
②レジリエンス・マッスルを使って再起する段階

③逆境体験を高い視点から俯瞰し、教訓を得る段階

それぞれのステージについて、以下の７つのテクニックがある。

①ネガティブな感情の悪循環から抜け出す
②役に立たない思い込みを手なずける
③「やればできる」という自信を科学的に身につける
④自分の強みを活かす
⑤心の支えとなるサポーターをつくる
⑥感謝のポジティブ感情を高める
⑦「痛い」体験から意味を学ぶ

たとえば②のステージに「役に立たない思い込みを手なずける」とある。私たちが体験したことを、自分の思い込みによってつくられる「フィルター」をとおして見ることで、ネガティブな感情（反応）が生じることがある。ところが同じことでも、自分とは異なる価値観を持つ他の人

から見れば、それほど憂鬱になったり落ち込むような出来事には思われない場合があるのだ。

そんなときに役立てたいのが、「事実は1つ、解釈は無限」という考え方だ。

事実に対する捉え方をどう転換すれば、気分の落ち込みなどのマイナス感情を食い止めることができるのかを学び、実践していくのだ。

レジリエンスを鍛えるということは、「心を練る」ことだといってもいいだろう。選手たちが自分の競技で最高のプレーをし、最高のパフォーマンスを発揮するためには、心が折れないような柔軟性が必要になる。だから選手たちは、普段から心を練っているのだ。

心を練ることは、鋼《はがね》を鍛えることに似ている。

たとえば日本刀をつくるとき、材料となる鋼のブロックが真っ赤になるまで熱してハンマーで打ち伸ばす。そして、打ち延ばした鋼を半分に折り返し、またハンマーで打ち延ばす。この作業（折り返し鍛錬）を繰り返すうちに靭性（粘り強さ）が増し、鋼が折れにくく、欠けにくくなっていくのだ。

私が流経大柏高校ラグビー部の監督を務めていた頃、部員たちは「百練鋼」と大きな文字で書かれた額装があるトレーニングルームでウエイトトレーニングをしていた。

「練」は心を練ることで、「鋼」は鋼のような肉体のことだ。「100練」を行って、粘り強く折れない心と、鋼のように強靭な肉体をつくろうというわけだ。

先にも記したとおり、レジリエンス・マッスルとは逆境を乗り越え再起するために必要な「心の力」のことだ。強靭なレジリエンス・マッスルをつくるには、心にしっかりした芯がなければならない。

その芯になるものが、自己肯定感だ。

したがって、私たちがレジリエンス・マッスルを鍛えるには、まず自己肯定感を高める必要がある。そのためには、次の4つの「I」をつねに意識し、自分を知ることだ。

①「I am ～（私は～です）」
・自分の長所、自信を感じるところを言葉にしてみる

②「I can ～（私は～できる）」
・自分にできることを1つずつ考え、「見える化」する

③「I have ～（私は～をもっている）」
・自分は「これをもっている」ということや、自分が大事にしている人やものを挙げていくことで、自分のいる環境に気づく

④「I like（私は～が好き）」

・自分は「これが好き」だといえることを思い出し、好きで得意なことを挙げていく。それによってポジティブな感情を積み重ねる

（加藤紀子『子育てベスト100――「最先端の新常識×子どもに一番大事なこと」が1冊で全部丸わかり』（ダイヤモンド社））

自分を知ること、すなわちセルフカウンセリングをとおして自己理解を深めることが、レジリエンスの強化にもつながることになる。

これらがベースとなってレジリエンス・マッスルが鍛えられ、挫折があってもそれを乗り越え挑戦できる竹のようなしなやかな「折れない心」がつくられる。

選手たちは心を練って鋼のような肉体をつくり、技を日々磨いている。それと同様に指導者も、言葉の力、なかでも質問力を磨き、選手たちを「啓育」できる力量を身につけなければならない。

「スポーツもハピネス、プライベートも仕事もハピネス」でなければならない

本章の冒頭で、スポーツをとおして得られる幸せを意味する「スポーツハピネス」という考え方について述べた。

ほんらい、「スポーツは、人生を幸せにするもの」であるように、仕事の究極の目的も本来「ハピネス」でありたいものだ。

だが残念なことに、たとえば今、少なからず人々にとって職場というものが、幸せを感じられる場ではなくなっているような気がする。スポーツ指導の現場で起きている問題と似たようなことが、多くの職場や学校、家庭でも起きているのではないだろうか。

たとえば、せっかく受験に勝っていい大学に入り、いい会社に就職しても、そこで幸せになれるとは限らない。組織が大きくなればなるほど上司と部下が上意下達の関係になりがちで、下から意見を吸い上げようとする意識が希薄になりがちだ。

海外ではGoogleにしろAmazonにしろ、フラットな組織のなかでお互いに意見をいい合うカルチャーがある。職務内容を明確にして採用を行うジョブ型の雇用形態を採ることが多く、社員たちは適材適所で自分の専門性や得意分野、スキルを活かした働き方をしている。

これに対し、日本国内には職務内容を限定しないメンバーシップ型の雇用形態を採用している企業が多い。メンバーシップ型の雇用には転勤をともなう定期異動もあり、就職というより「就社」に近い側面がある。

定期異動は基本的に会社都合によるもので、会社側から提示されるポジションや仕事内容、勤務地といった条件に、どれだけ自分の意向が反映されるかはわからない。自分の得意不得意や適性からかけ離れ、およそ適材適所とはいえない人事によって、本当に潰れてしまう人もいる。

はたして何割の人が、こうした組織のなかで生き残ることができるのか。

そもそも、そういう組織のなかで生き残ることが、その人にとって幸せなのかどうか、疑問が残る。

また、選択理論に「あらゆる不幸の源は不満足な人間関係にある」という言葉があるが、今多くの職場で、外的コントロールによって人間関係が破壊されている。

私たちが、スポーツはもちろん仕事もプライベートでも「ハピネス」でいられるかどうかは、人間関係のあり方に大きく関わっている。読者の皆さんは、職場や学校、家庭で、よい人間関係をつくることができているだろうか（Ｐ．１８７の図解参照）。


自分と相手が互いに「勝ち／勝ち（Ｗｉｎ‐Ｗｉｎ）」になるような関わり方をしている人は「成功タイプ」①で、自分が勝って相手を負かそうとする「勝ち／負け（Ｗｉｎ‐Ｌｏｓｅ）」の関係にある人は「孤独な物持ちタイプ」②だ。

一方、自分と相手が「負け／負け（Ｌｏｓｅ‐Ｌｏｓｅ）」の関係にある人は、両者が共倒れになる「失敗タイプ」③。そして、自分と相手が「負け／勝ち（Ｌｏｓｅ‐Ｗｉｎ）」の関係にある人は、自分が負けて相手に勝ちを許す「貧乏な自己満足タイプ」④ということになる。

たとえば②の「孤独な物持ちタイプ」の人は、「他人のことなど関係ない」という自分勝手な生き方になりがちで、④の「貧乏な自己満足タイプ」の人は、「自分はいいからどうぞ」と、自己犠牲な生き方になりがちである。

その意味で、①の「成功者タイプ」のように、あらゆる出来事は自分が源だという意識をもち、責任をはたす生き方を選択したいものだ。

スポーツ指導の現場はもちろん、仕事でもプライベートでも、1人ひとりが「ハピネス」の実現を目指していくうえで、人間関係のあり方を見直してみる必要があるだろう。

スポーツ指導者のための「5つの原則」

本章のしめくくりとして、一般財団法人日本プロスピーカー協会（JPSA）のスポーツ部会が公開している「スポーツ指導者5つの原則」を紹介したい。

この「5つの原則」は、「パワハラ指導にならない指導方法を普及し、スポーツ指導者業界、教育者業界の発展に貢献する」という志のもとに、私自身の経験をもとにまとめあげたものだ。

選手や生徒の指導に日々取り組むなかで、課題や悩みをもつ指導者も多いと思う。皆さんの課題や悩みの解決と、指導法の改善に役立てていただくことを願い、以下、「5つの原則」のポイントを要約し、解説していくことにする。スポーツ指導の現場に限らず、学校教育、企業や組織の部下指導、家庭教育における指針としても、参考にしていただけたら幸いだ。

【①育成理念の明確化】

育成理念とは、人材を育成するうえで、よりどころとなる価値観のことであり、ビジネスの世界においても非常に重要。「企業は人なり」という言葉があるように、会社の発展はそこで働く社員一人ひとりの成長と正の相関関係にある。これと同じことがスポーツチームにも当てはまる。

たとえば、WBC（ワールド・ベースボール・クラシック）の日本代表チームを例にとってみてほしい。日本代表チームの成功は、選手一人ひとりの成長と密接に関連している。彼らの個々のスキルや能力の向上が、チーム全体のパフォーマンスを引き上げ、最終的には大会での優勝につながったのだ。

日本代表チームは、選手個々の育成に対して深い価値観を持っており、監督やコーチは、選手たちが持つ潜在能力を最大限に引き出すために、技術的なトレーニングだけでなく、メンタル面でのサポートや、チームワークの重要性を教え込む。これにより、選手たちは自己の成長を実感し、それがチームの強化につながっている。

また、日本代表チームは、選手たちが互いに学び合い、刺激し合う環境を作り出し、ベテラン選手は若手選手に対して経験を共有し、若手選手は新しい視点やエネルギーをチームにもたらす。このようにして、チーム全体が一体となり、共に成長していくのである。

このような育成理念は、ビジネスの世界における人材育成にも通じるものがある。社員一人ひとりの成長を重視し、彼らが自己の能力を最大限に発揮できる環境を整えることで、会社全体の発展につながるのだ。スポーツチームと同様に、企業もまた、個々の成長が組織全体の成功に直結することを理解し、育成理念を大切にするべきだ。

育成理念を持ち、それを実践することで、人材は成長し、組織全体の力が向上していく。これが、ビジネスの世界でもスポーツの世界でも、成功への道を開く鍵となる。

【②対話力の強化】

選手、生徒、あるいは部下たちとの対話は、双方向であり個別対応であることが求められる。

双方向かつ個別対応で対話をする力を高めるために、指導者は「傾聴力」と「伝達力」の2つを強化する必要がある。

傾聴力とは、一言でいうと「よい聞き手になる」ことだ。よい聞き手になるために不可欠なスキルの1つに「質問力」がある。

指導者が質問をするときにもっとも重要なことは、「目的をもって聞く」ことだ。

その目的とは、次の3つを指す。

①相手との信頼関係を築く
②相手の状態を把握する
③相手の行動を促す

そもそも人というものは、相手に話を聞いてもらえなければ、「自分の話は取るに足らない」と考え、「自分はこの組織にとって大切な存在ではない。この組織にはいないほうがいい」と思って組織を去ってしまう。

人を生かす言葉があれば、人を殺す言葉もあることを、指導者は心しなければならない。

指導者にとって伝達力は非常に重要で、指導者が言葉を極めることができれば、自らが思い描くビジョンや目標に、部下や選手を導くことができるようになる。

その一方で、指導者の一言が、選手のキャリアを大きく変えてしまうことさえある。

指導者の言葉には、それだけ大きな影響力があることをまず認識し、伝達力を磨いていく必要がある。

【③人間理解を深める】

過去に成果を上げた指導法や育成法であっても、選手や部下、チームが変わると、それがうまくいかないことがある。

その理由は非常にシンプルで、人は価値観も育ってきた環境も、1人ひとりの持ち味も違っているからだ。指導の相手が変われば、過去の指導法や育成がうまくいくとは限らない。

それゆえ指導者には、選手や部下1人ひとりの違いを認識し、理解するための理論について学びを深めることが推奨される。

人をあるタイプに分類して理解する理論は世の中に数多く存在しているが、いずれのタイプ分類についても、「この人は〇〇タイプだから××という性格だ」と決めてかかることは避けなければならない。

あくまでも、効果的な指導や育成を行うための参考情報として捉えることが重要だ。

【④パワハラ知識の習得】

2020年6月から「労働施策総合推進法」（通称「パワハラ防止法」）が大企業を対象に、2022年4月からは中小企業を対象に施行され、パワハラ対策が義務化されている。

今回の法制化は「職場」を中心としたパワハラ防止が主な目的で、直接的にスポーツ指導者を対象にはしていない。だが、これから先はスポーツ指導者もビジネスパーソンと同様に、最低限のパワハラ知識を習得したうえで指導を行っていくことが重要になる。

指導者は、とくに「パワハラ定義3要素」と「パワハラ6つの行為類型」（パワハラに該当すると考えられる例）を、最低限理解しておくことが重要だ（P．48参照）。

【⑤家庭環境の理解】

仮に指導者が、部下や選手に対し効果的な指導を行ったとしても、結局最後には、本人がやるかやらないかによって、求める成果を上げられるかどうかが決まってしまう。

指導によって求める成果が得られるかどうかは本人次第、という部分があることも確かだ。

指導者にとって、部下や選手の言葉や行動といった顕在化している部分をしっかり認識し、理解することはもちろん大事だ。

しかしその一方で、指導者は、選手や部下の言葉や行動には現れにくい、潜在化している部分にも目を向ける必要がある。とくに、選手や部下1人ひとりの「自己肯定感」と「自己効力感」をしっかり理解・認識したうえで指導を行うことが大切だ。自己肯定感と自己効力感について簡単に説明すると、次のようになる。

〈自己肯定感〉

「自分には生きる価値がある」、「自分は誰かに必要とされている」というように、自らの価値や存在意義を肯定できる感情のこと。「自分は大切な存在だ」、「自分はかけがえのない存在だ」と思える心の状態をいう。

〈自己効力感〉

課題や目標などを達成する能力が、自分にはあるという感覚。または環境の変化に対し、効果的にコントロール（対処）できているという感覚のこと。ある結果を生み出すために、自分は適切な行動を遂行できるという確信の程度をいう。

自己肯定感と自己効力感がなぜ重要かというと、これらが最終的に、部下や選手のパフォーマンスに大きな影響を与えるからだ。

指導者がどれだけ高い育成技術をもって指導にあたっても、部下や選手本人の自己肯定感と自己効力感が低い状態では「どうせ自分には無理だ」、「できない」と後ろ向きになる。その心の状態が、パフォーマンスに悪い影響を及ぼしてしまうのだ。

その意味で、指導者は最終的に、選手や部下の自己肯定感や自己効力感も高めていける指導を目指すべきである。

この自己肯定感や自己効力感に最も影響を与えているものが、家庭環境だ。

したがって指導者にとって、その選手や部下がどのような家庭環境で育ってきたのか、もしくは今どのような家庭環境のなかにいるのかということまで理解して、指導を行うことが重要になる。

本書の巻末に、この5つの原則をふまえて作成した「5つの原則35の実践チェックリスト」を収録している。本書を読み終えたあとで、チェックリストを見ながら自己評価を行い、読者の皆さんの日々の指導に役立てていただきたい。

第6章

日本の未来をつくる人材育成は、君たちの手にかかっている

多様性を活かして勝つ。それがラグビーというスポーツだ

今、世界や社会に、かつてないほど大きな変化が起きている。それにともない人々の価値観や社会のルールが変わり、私たちは従来の働き方や組織のあり方、人と人との関わり方を見直さざるを得なくなっている。

指導者と、指導を受ける若い世代の意識や価値観にも距離が生じている。その違いを乗り越え、指導者が若い世代にどう向き合うかということが、大きな課題になっている。

そこで第6章では、こうした時代的、世代的な変化をふまえて、

・多様性のなかで個が活きるとはどういうことか
・Z世代の若者たちにどう向き合うか
・指導者と指導を受ける側との関係は、これからどうあるべきか

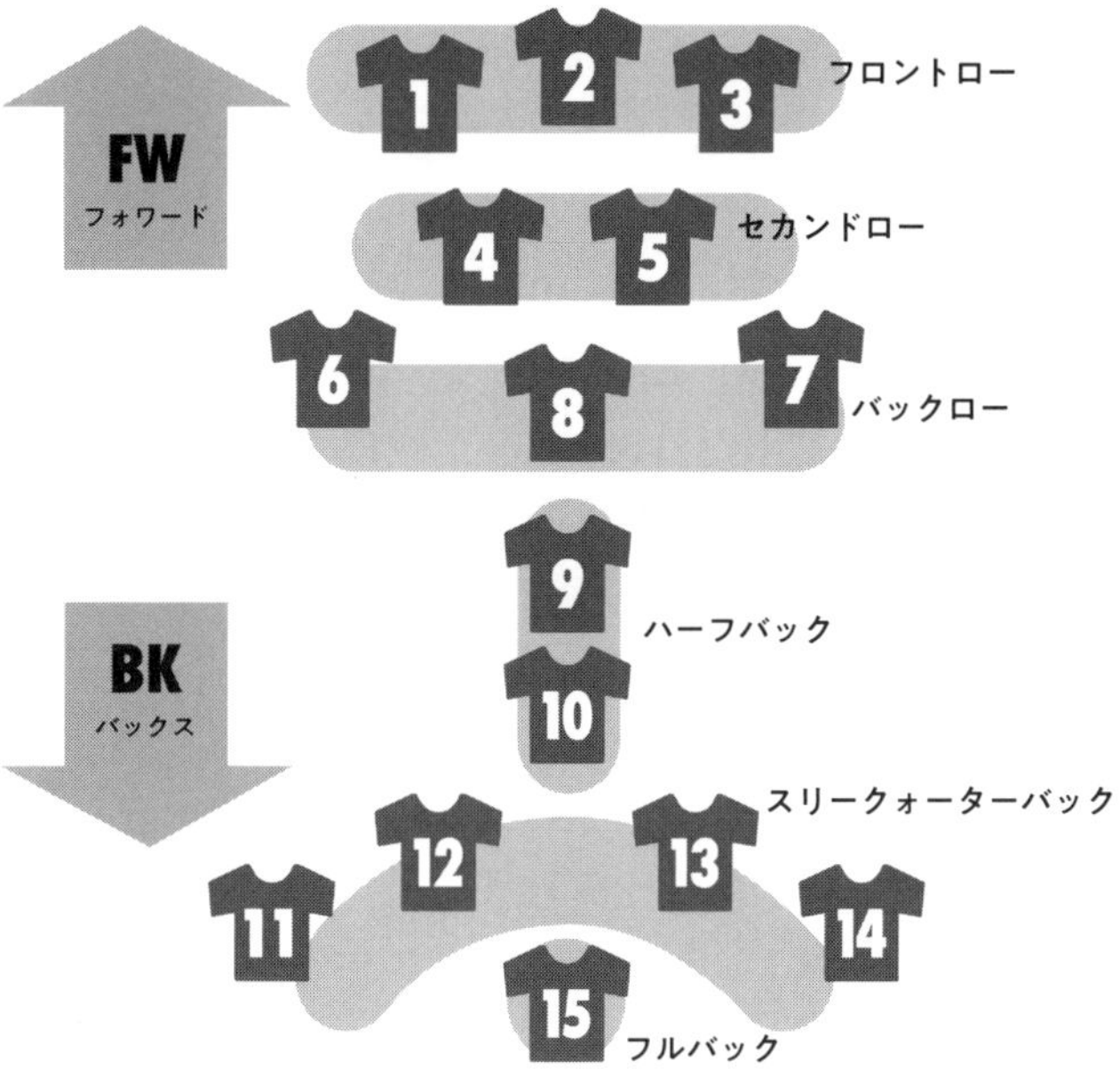

・これからの指導者に求められるものは何か

ということについて考えていきたい。

スポーツ指導はもちろん、学校教育、会社などの組織の部下指導、家庭教育に活かせる教訓を、ここから読み取っていただければ幸いだ。

まず、第5章でも取り上げたジョブ型雇用を採用する企業が、日本でも増えてきた。これにより、今後企業では、より適材適所を意識した人事が行われるようになり、社員が自分の得意分野を活かして仕事をするスタイルが広がっていくだろう。

その点、ラグビーにはさまざまなポジ

ションがあり、選手1人ひとりが異なる役割を担う中で、各選手がそれぞれの強みを活かして戦っている。

ラグビーのポジション図（P.199）を見てほしい。

ラグビーのポジションは、フォワード（FW）とバックス（BK）に大きく分かれている。フォワードからいくと、フロントロー（最前列）にはプロップ（PR／背番号1、3番）、フッカー（HO／背番号2番）がいて、セカンドロー（第2列）にロック（LO／背番号4、5番）がいる。フォワードのバックロー（最後列）にいるのがフランカー（FL／背番号6、7番）とナンバーエイト（NO8／背番号8番）だ。

一方、バックスについていうと、フィールド（グラウンド）のちょうど真ん中に位置するのがハーフバックで、前からスクラムハーフ（SH／背番号9番）とスタンドオフ（SO／背番号10番）の順に並んでいる。ハーフバックの後ろに位置するのがスリークォーターバックで、センター（CTB／背番号12、13番）とウィング（WTB／背番号11、14番）が控えている。

そして、フィールドの最後尾を守るのがフルバック（FB／背番号15番）だ。

まず、フォワードとバックスは、はたすべき役割が異なっている。

フォワードはスクラムを組み、ボールがフィールドの外に出たらラインアウトと呼ばれるセットプレーでボールを取り合い、ボールを確保する。

私自身、高校時代はフォワードで、プロップやフランカーを務めたが、スクラムを組んで、「とにかく早くボールをもとう」と無我夢中でボールを取りに行っていた。

バックスは、フォワードが確保したボールをパスやキック、ランでつなぎ、攻撃に結びつけ、トライを奪う。最後尾のフルバックは、ゴールを守る最後の砦となる。

10個のポジションにはそれぞれ違った役割があり、各ポジションを務める選手たちの体格も性格もそれぞれ異なっている。

たとえば、スクラムの柱となるプロップを務めるのは、重量級の選手だ。最前列で相手と組み合い、スクラムを押し込む。

また、背番号4、5番のロックには長身で跳躍力が高い選手が適している。ラインアウトのときにフッカーがフィールド内に投げ入れるボールをジャンプしてつかむ、空中戦の主役になるのがロックというポジションだ。

背番号6、7番のフランカーと8番のナンバーエイトはスクラムでのボールの争奪も、ラインアウトもバランスよくできる選手たち。

背番号9番のスクラムハーフを務めるのは、小柄で動きが俊敏な選手だ。スクラムの中にボールを入れたあと、スクラムの後ろに回ってボールを取り出し、10番にボールを回す。

その背番号10番をつけているポジションがスタンドオフで、ゲームをコントロールする司令塔の役目をはたす。スクラムハーフから最初のパスを受け取り、パスやキック、あるいは自分がボールをもって走るかを瞬時に判断し、ゲームをつくる。

このように、選手1人ひとりがそれぞれの特徴や強み、得意分野を活かして戦い、ゴールを目指すラグビーは、いわばダイバーシティ、多様性のスポーツだ。

ラグビーでは、選手1人ひとりが自分の得意分野を活かし、自分のポジションを守ってチームができている。これこそ、私たちがこれから目指すべきチームや組織のあり方ではないだろうか。

流経大柏高校の運営母体である学校法人日通学園の佐伯弘治元学園長が、ラグビーを校技にしたいとおっしゃっていたのも、そうした理由によるものだ。

ラグビーにはさまざまなポジションがあり、さまざまな強みをもつ選手たちがいて、それぞれの立場と役割のなかで、試合に勝つためにベストを尽くす。

まさしく「One for all, All for one」、「1人はみんなのために、みんなは1つの目的のために」の精神だ。

佐伯学園長は、「そういう組織こそ、これからの社会には必要だ。だからラグビーをとおして、お互いがお互いを活かし合う組織をつくり上げていきたい」とおっしゃっていた。

多様性が「単様性」になってはいけない

ちなみにラグビーといえば、日本代表チームのメンバーの顔ぶれも多様性に富んでいる。外国出身で日本国籍を取得した選手もいれば、外国籍のまま日本代表チームに在籍している選手も33人中12人に上る（ラグビーワールドカップ２０２３フランス大会当時）。

外国籍の選手が代表チームに所属している国は、日本だけではない。ラグビーワールドカップ２０２３フランス大会に出場した20カ国のうち、外国出身選手がいなかったのは南アフリカ、アルゼンチンだけだった。

これは、ラグビーの国際競技連盟であるワールドラグビーの規定によるものだ。国籍がなければ代表選手になれない他の競技やオリンピックとは異なり、ワールドラグビーが主催するワールドカップでは、①本人がその国や地域で生まれている、②両親や祖父母のうち1人がその国や地域で生まれている、③本人が直前の5年間その国や地域に居住し続けている、④通算10年居住という条件のうち1つを満たせば、外国籍でも代表選手になることが可能だ。

日本代表チームの選手たちは、国籍にかかわらず、みんなが国歌を歌い1つになっていた。私が高校日本代表チームの監督を務めていたときも、代表選手たちに国歌の歌詞に出てくる言葉1つひとつについて意味を教え、ミーティングの前には必ずみんなで国歌を歌っていた。

国籍や出身国は違っても、1国を代表するナショナルチームとして、ワールドカップで勝利する、ワールドカップ2019日本大会ならベスト8以内に入るという1つの目的に向かって全力を尽くすのだ。

まさしく、「One for all, All for one」の精神だ。

このように、多様性のなかで、お互いがお互いを活かし合うのがラグビーというスポーツだ。

最近ではダイバーシティという言葉が時代のキーワードになっているように、私たちが暮らしている社会でも、多様性のなかでお互いがお互いを活かし合うという意識がますます求められるようになっている。

だが現実はどうだろうか。世の中ではいじめ、差別、虐待、そして本書でも大きなテーマとしたパワハラが、いたるところで起きている。

これでは、お互いがお互いを活かし合うどころか、傷つけ合っているではないか。

それは、第3章で述べたような外的コントロール、自分の「正しさ」を選手や生徒たちに押しつけるような「指導」、水平評価によって他人と優劣を比較させる教育など、例を挙げればきりがない。

これで社会の多様性、ダイバーシティといえるだろうか。多様性といいながら、その実態は「正しさ」や事実の解釈を1つしか認めない「単様性」の社会になっているように思えてならない。

スポーツ指導に限らず、もっと大きな視点から見ると、学校教育そのものを根本から変えていく必要があるだろう。

解決しなければならない課題は山積している。

たとえば時代の変化に合わせて、プログラミング教育が行われたり、教育現場でＡＩを導入する動きも起きているなど、表面上は進化しているように見えるが、肝の部分は変わっていない。

その最たるものが、数字で子どもたちを評価する偏差値教育だ。

海外の事例を見るだけでも、偏差値以外の「物差し」はいくらでもある。にもかかわらず日本の教育現場では点数万能、偏差値万能。有名中学、有名高校、有名大学に合格した人が人生の勝者だと錯覚させるような教育が、いまだに続いている。

そして、有名大学を出たあとは、有名企業に入社した人が人生の勝者になると、本人も教育者も親御さんたちも思い続けているのではないだろうか。

明確な人生の目的があって、その実現を目指す通過点として有名大学や有名企業を目指すのなら否定はしない。

だが、過去の自分にくらべて今の自分がどれだけ進歩したかという「自分軸」がなく、他人との比較で優劣を判断する「他人軸」の生き方は、改められなければならない。

「他人軸」で生きている人は、自分より「劣る」と判断した人に攻撃的な態度を取りがちで、相手と対等な人間関係を構築することができない。それが、いじめ、差別、虐待、パワハラなどが生まれる根源になっていることに、私は選択理論の学びをとおして気づいた。

そもそも、選択理論の「身につけたい7つの習慣」のなかの傾聴、受容ができなければ、互いがお互いを活かし合うことができないし、多様性を活かすことは不可能だ。

ＪＰＳＡが目指す「『いじめ』『差別』『虐待』のない豊かで明るい社会の実現」を、私たちが目指す山の頂上だとすれば、スポーツというルートで山を登っていく方法を示すことが、自分のミッションだと私は思っている。

次世代の主役たちに力を発揮してもらうために

このように、私たちは多様性を活かして生きる時代を迎えるとともに、Z世代（1990年代半ばから2010年代初頭に生まれた世代）が活躍し、社会の中心となる時代もまもなくやってくる。

こうした世代の変化を見据え、スポーツ指導の現場はもちろん、企業を始めとするさまざまな組織や家庭において、人材育成や教育をどう行っていったらいいのかについて考えてみたい。

まず私たちが心がけなければならないのは、若い世代の価値観を理解し、受容するところから始めることだろう。

Z世代についての分析は数多くあるが、「Z世代だからこういう考え方や行動をする」といった決めつけはよくない。個人差も大きいことに注意しながら、私自身の指導経験のなかで感じたことを、本書では述べていく。

私が長年指導をしてきて感じるのは、とくにZ世代の若者たちは「何のためにこれをやるのか」という目的や意義に対して、非常に意識が強いということだ。

にもかかわらず彼らは、「なぜ、何のため、誰のためにこれをやるのか」という人生の目的を明確化するための目的教育を受ける機会を得られなかった。

その反動とも考えられるのだが、Z世代の若者たちは、すぐに結果や正解を求める傾向が強い。第4章で説明したように、個人の「アチーブメントピラミッド」の目標設定より上、すなわち目標を達成するための行動計画を日々実践するサイクルで出した結果でしか評価されず、承認もされないという体験を、彼らはしてきたからだ。

だからなおさら、正しい答えを求めてしまう。自分たちが出した結果や答えが正しいものでなければ承認されなかったからだ。

でも私たちは、Z世代の若者たちが出す結果以前に、彼らの存在や価値観、行動そのものを承認してあげなければならない。

だからこそ、傾聴、受容したうえで質問し、「答えはあなた自身の中にある」というメッセージを送り続け、気づきを促す指導に転換する必要があるのだ。

以上をふまえ、Z世代の若者たちとフラットな関係を築くために、上の世代である私たちが、とくに心がけたいポイントを2つ提示したいと思う。

1つ目が、「怒る」ことと「叱る」ことを区別することから始めることだ。

Z世代の特徴として「注意するとすぐにめげる」ことを指摘する声も少なくない。だが「注意するとすぐにめげる」からといって彼らに真正面から向き合うことを避けたり、逆に自分の「正しさ」を彼らにぶつけることが、はたして問題の解決になるだろうか。

指導する側にもそれなりのいい分はあるかもしれない。だが、私たちの言葉や行動が、若い世代の心に自然に入っていくものでなければ、よい指導はできないはずだ。

私も以前は、感情の赴くままに怒っていた。感情をあらわにし、自分は本気だという気持ちを伝えることが指導であり、それが最善だと思っていたのだ。

だがそれも、今思えば、選手が私の思うとおりの行動をしなかったことに対する鬱憤を晴らすだけに終わっていた。まったくその場限りの行動を、私はしていた。

指導者である私自身が聞くべきことを聞き、適切なフィードバックをしていなかったのだ。そのとき、選手が「はい、わかりました」といったとしても、何も伝わっていなかっただろう。その結果、選手は同じ失敗を犯し、私はまた同じように怒っていたはずだ。

そんなことが繰り返されるなかで、ほんらい目指すべきゴールから話が外れ、相手には何のメリットもない説教がダラダラと続いてしまう。結局、私自身も何をいいたかったのかがわからなくなってしまうということが、少なからずあった。

指導者にとって大事なのは、怒りの感情をコントロールすること、そして「怒る」ことと「叱る」ことを区別することだと私は思う。

まず、怒りの感情をコントロールするには、アンガーマネジメントでよくいわれる「6秒ルール」を意識するのも1つの方法だ。カッとなったときの怒りの感情のピークは長くても6秒といわれている。その6秒間だけ感情を表に出さないように我慢し、まず気持ちを落ち着かせるのだ。

また、本書では詳細には立ち入らないが、選択理論には「全行動」という考え方がある。選択理論では人間の行動を、行為と思考、感情、生理反応の4つに分ける。それら4つをすべて合わせて全行動と呼ぶ。

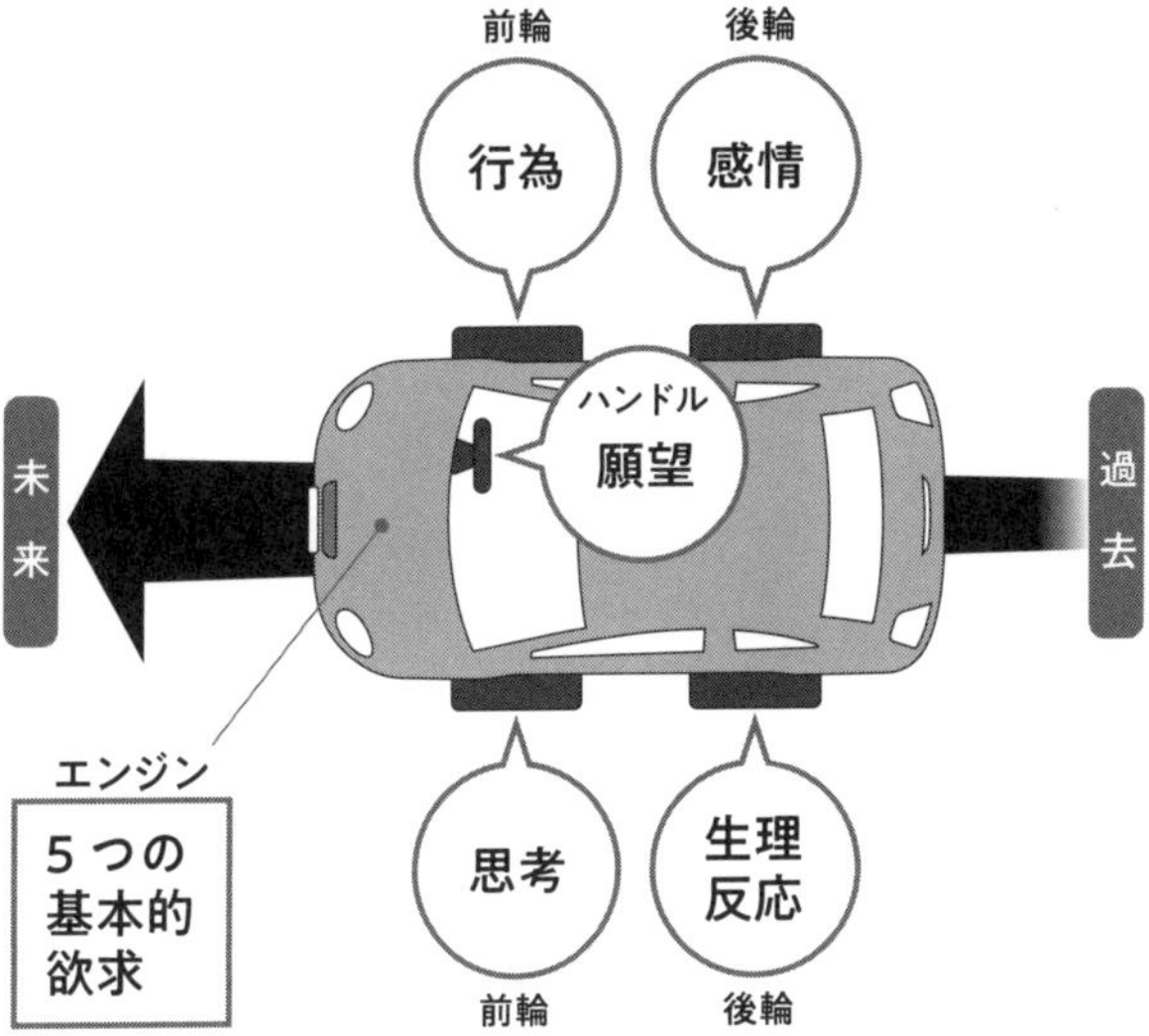

選択理論では、行為と思考は私たちが直接コントロールすることができ、私たちが行為と思考をコントロールすることで、間接的に感情と生理反応がコントロールできると考える。

人間の行動を車にたとえれば、行為と思考が前輪で、感情と生理反応が後輪にあたる。何を使って行為と思考をコントロールするのかといえば、それは願望だ。つまり願望は、行為と思考をコントロールするハンドルにあたる。

ということは、第5章で解説したセルフカウンセリングによって願望を明確化していくことで、私たちは行為と思考は直接的に、また感情は間接的にコントロールすることが可能になる。

そうやって、怒りの感情をおさえて冷静に

なったあとは、「怒る」ことと「叱る」ことを区別し、伝えるべきことを伝える。

「怒る」と「叱る」は同じような意味で使われているが、東洋大学ライフデザイン学部・生活支援学科子ども支援学専攻の鈴木崇之教授は、「怒」は基本的に「自分の感情」を表現した言葉で、「叱」は基本的に「相手に何かを伝える様子」を表しているといっている（東洋大学WEBマガジン「LINK@TOYO」所収、「『怒る』と『叱る』で子どもは変わる！？健やかな成長を育む親子のコミュニケーション術とは？」）。

「結論からいえば、子どもと接するときは、怒るのではなく、しっかりと『何を伝えたいのか』という考えを持って叱ることが大事」（鈴木教授）だという。

怒らず、質問しながらコミュニケーションを取り、諭し、気づかせ、悟らせる。これが上手な叱り方だと私は思う。

小さなことでもいい。1人ひとりに目を向けて寄り添ってほしい

Z世代の若者たちとフラットな関係を築くために、指導者がとくに心がけたい2つ目のポイントは、1人ひとりに目を向け、小さなことであっても声をかけて寄り添うことだ。

Z世代の若者たちは、他人に認められたいという承認欲求が強いとよくいわれるが、彼らにしてみれば、自分が所属するチームや職場、組織のなかで無視されたり見放されたり、放っておかれることが一番辛い。

もっとも、スポーツ指導の現場では指導者が、職場では上司が定期的な会議やミーティング、「報連相」で、選手や部下と「しっかりコミュニケーションを取っている」というかもしれない。

だが、若い世代が求めているコミュニケーションは、もっと身近で日常的なものだ。「ちょっとしたことでもいいから目をかけてほしい」という若者たちの承認欲求を、理解していない指導者が多い。

私は監督時代、選手1人ひとりを直接指導はしないものの、全員を見ていた。

なかでも、一生懸命やっている選手と元気がなさそうな選手のことはしっかり見ていて、「最近どうだ？」と声をかけた。直接指導をしているコーチを否定するようなことはいわないが、選手にちょっとしたアドバイスをすることもあった。

また、私は選手全員に対して、一対一の対面でワンオンワンミーティングを、時間をかけて行っていた。

当たり前のことだが、1人ひとりに寄り添う気持ちが大切になる。

若者たちには、「自分のことを見ていてもらいたい」という意識がある。彼らは「見られている」ではなく、「見てもらっている」と思えることで安感を得る。だから部員数が多くても、私は選手たちに寄り添うことに時間をかけた。

ひとくちに「寄り添う」といっても、それは大変なことだ。

でも、彼らは私たちの目の前に、1人の人間として存在している。1人ひとりに目的があり、目標があるから、彼らはそこにいる。だからこそ、彼らを1人の人間として尊重し、対等、フラットな関わり方をすることが重要なのだ。

スポーツ指導者も会社の上司も、「自分は選手や部下にきちんと寄り添っている」、「しっかりコミュニケーションを取っている」と思っていても、選手や部下はそう感じていないことが多いのが現状だ。

なぜ、そういうコミュニケーションギャップが生じるのか。

それは指導者や上司が、「自分が話す」ことをコミュニケーションだと勘違いしているからだ。

真のコミュニケーションは、自分が話すのではなく、相手の話を聞くことなのだ。

相手の話を聞かずに自分が話したいことを話すのは、一方通行であって双方向ではない。一方通行の話は対話ではなく、伝達にすぎない。だから選手や部下にしてみれば、指導者や上司が自分に寄り添ってくれているとは、まったく感じられないのだ。

では具体的に、私たちはどう寄り添っていったらいいのか。

まず、選手や部下たちは、「小さなことでも見ていてくれたら嬉しい」と感じることを、理解すべきだ。これは家庭教育でも同じだと思う。

たとえば、ちょっとしたことでいいから選手や部下の行動に目を配り、それを褒めればいい。

「今日のあの動きは目立たないかもしれないが、よいアシストだった」

「昨日は○君の仕事を手伝ってくれたようだな、助かるよ」

「君の声を聞いていると、みんなが明るい雰囲気になるよ、ありがとう」

こうしたちょっとした声がけが、1人ひとりの行動承認、存在承認になる。

「いつも助かってるよ」、「君がいてくれてよかった」という声がけが増えれば、チームも職場もうまく回り出すはずだ。

指導者や上司がもう1つ心すべきは、普段から選手や部下たちと雑談をすることだ。指導者は雑談をとおして、選手1人ひとりが今何を考えているのかを観察・洞察できる。

選手1人ひとりが今どんなことに興味をもち、何を目指し、どんな課題を抱えているかということが、雑談のなかに数多く現れる。

だから、雑談ができる指導者、上司は、情報収集がうまいのだ。

情報が豊富であればあるほど、選手や部下たちに、小さなことでもたくさんの声をかけられる。それだけ、選手や部下との心の距離を縮め、寄り添えるということになるのだ。

共に育つ——若者たちの成長のなかに、指導者自身の成長もある

私は第3章で「鷹の選択」のエピソードを紹介し、まず指導者が変わる勇気と覚悟をもたなければならないと強調した。

私たちが今、もっとも変えなければならないのは、指導者は上に立つ存在で、選手たちを教え導く存在だという考え方そのものかもしれない。

そもそも私たち指導者が、人を育てようと思っていること自体が大きな間違いだ。私たちが育てるのではなく、彼らが自ら育つのだ。

これは、会社や組織でも同じではないだろうか。

「育てよう」と思う時点で、相手を外的にコントロールしようという意思が入っている。指導者や上司は「育てる」のではなく、選手や部下が自ら「育つ」環境や仕組みをいかにつくるかということこそ、真剣に考えなければならない。

選手や部下が自ら育つ環境や仕組みづくりとは何だろうか。それはたとえば理念・目的から目標設定、計画化、日々の実践まで一貫した育成のシステム化。あるいは目標達成や課題の解決に適した指導方法やトレーニング方法を導入したり、チームや組織で独自の工夫をすることなどが挙げられる。

仕組みや環境ができれば、そのあと重要になるのは、指導者、上司自身が「教わる」ことだ。指導者や上司が逆に、選手や部下たちから、もっとよくなるためのヒントをもらうのだ。そのためにも指導者には、「育てよう」とするのではなく、「相手から何かを学ぼう」という意識が重要になってくる。

そうやって指導者や上司自身が学び、選手や部下が育つ環境や仕組みをさらに進化させていくなかで、チームや職場はますます高い成果を上げられるようになっていく。

これまで本書で述べてきた、指導者や上司が選手や部下に質問をしながら主体性を引き出し、目標達成に導くやり方は「GROWモデル」のコーチング法と呼ばれるものだ。

双方向の対話のなかで、指導者や上司が「もっとよくなるためにはどうしたらいいと思う?」と質問したら、選手や部下は自ら考え「こうしたらいいのではないですか?」と意見をいってくれるだろう。

そこで「なるほど、そうだね」と選手や部下の話を受容、傾聴し、「では、この部分をもっとよくするにはどうしたらいいのか教えてくれないか？」とさらに意見を求める。

そういうやり取りを繰り返すうちに、選手や部下の主体性が引き出され、内発的動機付けへとつながっていくことはもちろんだ。

だがその一方で、選手や部下に意見を求めるなかで、指導者や上司も逆に教わり、貴重な学びを得ていることに気づいてほしい。

指導者が、「選手や部下の考え方や意見を聞きながら、自分もまた教わっている」という意識をもてば、自らの考え方や指導法をアップデートさせ、さらに高い段階に向かって進んでいけるようになるという、好循環が生まれるのだ。

学び続け、成長し続けることが指導者の責任だ

ましてや今は、変動性（Volatility）、不確実性（Uncertainty）、複雑性（Complexity）、曖昧性（Ambiguity）という4つのキーワードに代表される、将来の予測が困難なＶＵＣＡ《ブーカ》の時代だ。

かつてないほど急激に変化し、先がまったく読めない世の中で、自分がこれまでに得た知識や経験がこの先どれだけ通用するかはわからない。そもそも、自分の知識や経験など、微々たるものにすぎない。

だからこそ、若い世代がもつ感性や価値観、自分たちにはない知識に学び、変化に対応しながら成果を上げていく、ある種の「変幻性」を、これからの指導者は身につけていく必要がある。

だからといって、自分の知識や経験を全否定するわけではない。世の中の変化にかかわらず、普遍的に通用する価値観や原理原則の部分はぶらさず、変えるべきことをしっかり変えていくのだ。

これは、古きよきものと新しきものの融合であり、それがまさに温故知新ということになる。人は、自分がかつて与えられたものしか他の人に渡せないといわれるが、そこを変えていかなければ、進歩も発展もない。

その意味で、指導者や上司にとって、自ら学び続けていく姿勢がこれからますます重要になることは間違いない。

この変化と不確実性の時代に、指導者や上司が学ぶことをやめたら、時代のニーズにもかなうよい指導を行うことは不可能だ。

学び続けることこそ、指導者やリーダーの責任だと私は思う。

第1章で述べたとおり、流経大柏高校に赴任し初代ラグビー部監督としてチームを指揮することを、私に勧めてくれたのが、元日本体育大学学長の綿井永寿先生だった。

綿井先生は私に、学び続ける姿勢がなければ指導者を辞める覚悟で臨むように、と教えて下さった。

指導者は選手たちから、上司は部下たちから、言葉や立ちふるまい、行動をいつも見られている。同様に、学び続ける姿勢があるかどうかも、選手や部下たちから見られているのだ。

指導者が真剣に学び続けているかどうかは、指導そのものにはっきり現れる。学びをとおして、教え方が変わってくるからだ。すると、教え方の変化に気づいた選手たちが「どうしたんだろう、今までと違うぞ」と驚き始める。

とくに高校生たちは、こうした変化に対してとても敏感だ。指導する側も、自ら成長しようとする姿勢で自分たちに向き合ってくれている。そう感じ取った選手たちは、指導者により信頼を寄せてくれるようになる。

青木先生は、言葉で語るだけのリーダーを人は信じない。単なる言葉だけでなく「行動言語」で伝えることが大切だということを、よくおっしゃっている。

これからの指導者や上司は、姿・形・行動で示すことが大事だと、改めて肝に銘じていただきたい。

学び続けるということは、自分自身が変化、進化し続けるということだ。

そのために欠かせないのが、「自分の『正しさ』を1度手放してみる」ことなのだ。

何も、これまでの自分を全否定する必要はない。まずは自分の「正しさ」を1度手放して過去を振り返り、自分は何を変えるべきで、変えてはならないものは何かを客観的に考えるのだ。

私は、自分の「正しさ」を手放し、過去を振り返った結果、自分には指導力がなかったことに気づいた。

あのパワハラ問題も、結局は自分の指導力のなさが原因だった。だから私の経験のなかから、指導者や教師、上司、あるいは親御さんにとって何か気づきや学びのきっかけになるようなことを、1人の「しくじり監督」として伝えたい。

これが今、私が全力を傾けて行っている活動の目的であり、この本を出版する理由でもある。

指導を受ける側だけが成長するのではない。指導する側と、指導を受ける側が共に成長するという関係性を築くことが、これからの指導者に求められていると私は思う。

指導者も上司も、指導を受ける選手や部下とともに、大きく成長していってほしい。

おわりに

今振り返ると、私のチャレンジ、チェンジは、縁から始まっている。

その縁は、絶妙のタイミングで私のもとに訪れた。

アチーブメント株式会社の青木仁志代表取締役会長兼社長、一般財団法人日本プロスピーカー協会（ＪＰＳＡ）の「パワーパートナー」を始めとする素晴らしい人々との出会い。そして、選択理論や「アチーブメントテクノロジー」といった上質の情報との出会い――。

それらが運命の糸で結ばれていたかのように、私は数々の貴重な出会いに導かれていった。

そもそも、私がニュージーランド、オーストラリア、フィジーへの留学を終えて帰国し、流経大ラグビー部のクラブハウスを訪れたときに、たまたま「戦略的目標達成プログラム『頂点への道』講座」の資料を見かけたのも、縁に導かれてのことなのだろう。

私があのときクラブハウスを訪れていなかったら、私はこの素晴らしい縁を手に入れることはできなかったはずだ。

だからこそ、青木先生がおっしゃるように「縁ある人を物心ともに豊かな人生に導く」生き方をしたいと、私は思うようになった。

私が、「教育者、指導者、講演家として、選択理論、アチーブメントテクノロジーをとおして縁ある人たちの物心両面の豊かな人生を実現できる指導者の指導者になること」という人生ビジョンを定めたのも、そのためだ。

もう9年も前のことだが、私がパワハラ問題で流通経済大学柏高校のラグビー部監督を解任されるやいなや、テレビや新聞などのマスコミ、「Yahoo!ニュース」を始めとするネットメディアなどで、全国にニュースが流れた。

そのあとSNSを始め、ネットは私に対する批判や中傷であふれた。

Googleなどで自分の名前をキーワードに検索すると、私を批判する内容の記事や書き込みが大量にヒットし、上位に上ってくるようになった。

スポーツ指導の現場を離れ、葛藤の日々を過ごしていた私にとって、ネットを見ることも辛かった。

それ以来、パワハラ問題でマスコミに叩かれた「しくじり監督」という十字架をずっと背負って、私は生きてきた。

だが、青木先生やJPSAスポーツ部会の「パワーパートナー」の皆さんを始め、さまざまな人々と私は出会い、たくさんの学びや気づきを得た。

こうした出会いや学び、気づきによって、私の人生は、以前からは想像もつかないほど大きく変わった。

以前は私に対して否定的な報道をしていたマスコミやネットメディアも、これまで私自身が過去の「しくじり」にどう向き合い反省し、挑戦し変化しようとしているのかを、好意的に伝えてくれるようになってきた。

今、ふたたび自分自身についてネットを検索してみると、現在の私の姿を客観的に伝えてくれている情報が、上位にヒットするようになってきている。

ある意味、こうしたネット情報の変化は、私自身の変化を鏡のように映し出してくれているのかもしれない。

本書の巻末に、JPSAスポーツ部会が公開している「スポーツ指導者5つの原則　35の実践チェックリスト」を収録した。本書を読み終えたあと、チェックリストで自己採点を行い、ご自身の指導の課題を詳細にわたって分析・把握していただきたい。

そして、さらに学びを深めながら、PDCAサイクルを回したあと、ふたたび「35の実践チェックリスト」にチャレンジしてほしい。

そのとき、皆さんが記入するチェックリストには、たゆまぬチャレンジ、チェンジがもたらした成果が現れているに違いない。

そこから、チャンスが大きく開けていくはずだ。

「人はいつからでも、どこからでもよくなれる」

私はそう信じ、チャレンジ、チェンジの先にあるチャンスを手にすることを目指し、一歩一歩、歩み続けている。

スポーツ指導者５つの原則
35の実践チェックリスト

（自己採点基準：点）

5：とてもできている　4：できている　3：普通
2：できていない　1：まったくできていない

①パワハラの知識の習得　　合計＿＿点

- [ ] パワハラの定義（３つの要素）を理解している
- [ ] パワハラの６つの行為類型（言動）を理解している
- [ ] パワハラが与える周囲への影響（行為者被害者チーム）を理解している
- [ ] パワハラ（ハラスメント）の法的責任を理解している
- [ ] パワハラ（ハラスメント）が問題になっている社会的背景を理解している
- [ ] パワハラにならない指導のポイントを理解している
- [ ] パワハラについて定期的に勉強している

②育成理念の明確化　　合計＿＿点

- [ ] 指導者としての理想像が明確である
- [ ] 育成理念（育成における大切な価値観）が明確である
- [ ] 「スポーツを通じて何を得てほしいのか」と聞かれたら明確に答えることができる
- [ ] 選手がミスや失敗をしたとき、自分の事のように捉えている
- [ ] 選手を育てることに対して強くコミットメントしている
- [ ] 目的と目標とゴールの違いについて説明できる
- [ ] 選手に対し将来のキャリアについて面談を行っている

③人間理解　　　合計 ____ 点

- [ ] 選手の「強み・弱み」を理解している
- [ ] 選手の自己肯定感・自己効力感を理解しようとしている
- [ ] 選手の思考習慣を理解している
- [ ] 選手一人ひとりの「価値観」の違いを理解することの重要性を理解している
- [ ] 「理解と同意は違う」ということを理解している
- [ ] 選手の願望（どんな選手になりたいか？ということ）を認識している
- [ ] 選手のタイプを分析する理論を学習している

④対話力の向上　　　合計 ____ 点

- [ ] 対話における重要な質問と傾聴のポイントを理解し実践できている
- [ ] 承認の4つのポイント（存在・行動・結果・成長）を実践できている
- [ ] 指示ばかりだと選手がどのような状態になっていくかを理解している
- [ ] 「よい聞き手」になるポイントを実践できている
- [ ] 指導者が選手の話を聞かないと選手がどうなってしまうかを理解している
- [ ] 選手の自己評価を促すフィードバックスキルをもっている
- [ ] 対話における非言語的要素（*）の重要性を理解している

（*）非言語的要素の例：うなずき、アイコンタクト、間を取る、など

⑤家庭環境の理解　　　合計 ____ 点

- [ ] これまで育ってきた家庭環境を把握している
- [ ] 今どのような家庭状況（家族構成、経済力等）にあるかを把握している
- [ ] 親御さんの教育方針について把握している
- [ ] 親御さんがもっている価値観を理解している
- [ ] 親御さんが子供に求めているもの（理想の人物像など）を把握している
- [ ] チームの育成理念が親御さんに共有されている
- [ ] 親御さんとのコミュニケーションの時間を定期的に設けている

パワハラ指導からの脱却の診断結果

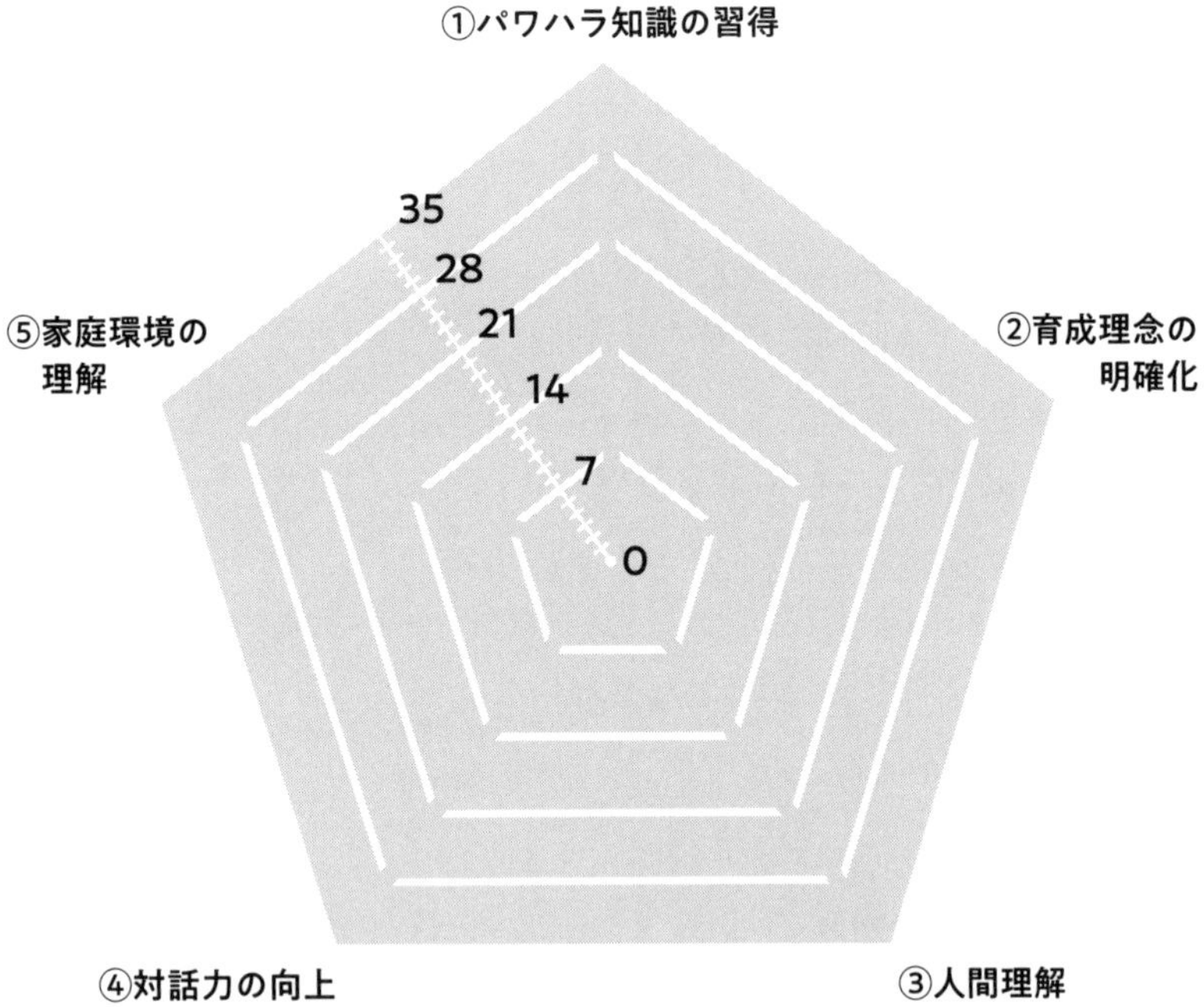

高い競技成績と良好な人間関係の両立を目指す
『スポーツハピネスの実現』
一般財団法人　JPSA　日本プロスピーカー協会　スポーツ部会

第 6 章──── 日本の未来をつくる人材育成は、君たちの手にかかっている

アチーブメントのSNSはこちら

[X（旧ツイッター）]
@achievement33
[インスタグラム]
achievement_message
[フェイスブックページ]
https://www.facebook.com/achievementcorp/

パワハラで人生をしくじった元名監督に学ぶ
変わる勇気

2024年(令和6年)6月30日　第1刷発行

著　者　松井英幸
発行者　青木仁志

発行所　アチーブメント株式会社
〒135-0063　東京都江東区有明3-7-18
有明セントラルタワー19F
TEL 03-6858-0311（代）／FAX 03-6858-3781
https://achievement.co.jp

発売所　アチーブメント出版株式会社
〒141-0031　東京都品川区西五反田2-19-2
荒久ビル4F
TEL 03-5719-5503／FAX 03-5719-5513
https://www.achibook.co.jp

装丁　轡田昭彦+坪井朋子
本文デザイン・DTP　井上綾乃
編集協力　加賀谷貢樹
校正　株式会社ぷれす
印刷・製本　株式会社光邦

ISBN978-4-86643-153-6
落丁、乱丁本はお取り替え致します。